PETER SELMER / HUBERTUS GERSDORF

Verwaltungsvollstreckungsverfahren

Schriften zum Öffentlichen Recht

Band 688

Verwaltungsvollstreckungsverfahren

Typologie und Einzelfragen des Vollstreckungsrechts
des Bundes und der Länder bei der Durchführung
ordnungs- und polizeirechtlicher Maßnahmen

Von

Prof. Dr. Peter Selmer
Dr. Hubertus Gersdorf

Duncker & Humblot · Berlin

Die Deutsche Bibliothek – CIP-Einheitsaufnahme

Selmer, Peter:
Verwaltungsvollstreckungsverfahren : Typologie und
Einzelfragen des Vollstreckungsrechts des Bundes und der
Länder bei der Durchführung ordnungs- und polizeirechtlicher
Massnahmen / von Peter Selmer ; Hubertus Gersdorf. –
Berlin : Duncker und Humblot, 1996
  (Schriften zum öffentlichen Recht ; Bd. 688)
  ISBN 3-428-08578-7
NE: Gersdorf, Hubertus:; GT

Alle Rechte vorbehalten
© 1996 Duncker & Humblot GmbH, Berlin
Fotoprint: Berliner Buchdruckerei Union GmbH, Berlin
Printed in Germany
ISSN 0582-0200
ISBN 3-428-08578-7

Inhaltsverzeichnis

A. Einleitung 7

B. Zur Unterscheidung von Vollstreckungsverfahren und Vollstreckungsmitteln 8

C. Typologie des Vollstreckungsverfahrens 11

   I. Mehraktiges Vollstreckungsverfahren 11

      1. Gestrecktes mehraktiges Vollstreckungsverfahren als Regeltypus des Vollstreckungsrechts 11

      2. Grundvoraussetzung des mehraktigen Vollstreckungsverfahrens: Grundverwaltungsakt 13

         a) Vollstreckungsrechtliche Funktion des Grundverwaltungsakts 13

         b) Einzelfragen des Grundverwaltungsakts 15

      3. Gestrecktes Vollstreckungsverfahren 17

      4. Abgekürztes Vollstreckungsverfahren 18

   II. Einaktiges Vollstreckungsverfahren und Sofortmaßnahmen 21

   III. Polizeiliche Standardmaßnahmen 26

      1. Standardmaßnahmen ohne eigenes Vollstreckungsverfahren 28

      2. Standardmaßnahmen mit eigenem Vollstreckungsverfahren 29

D. Rechtmäßigkeit des Grundverwaltungsakts als Vollstreckungsvoraussetzung? 34

    I. Einwendungsausschluß und Einwendungshemmung durch Bestandskraft und Tatbestandswirkung des Grundverwaltungsakts 34

    II. Vollstreckungsrechtliche Modifizierung des Einwendungsausschlusses und der Einwendungshemmung? 42

    III. Verfassungsrechtlich gebotene Modifizierung des Einwendungsausschlusses und der Einwendungshemmung? 44

E. Einzelfragen der Sofortmaßnahmen 47

    I. Zur Abgrenzung von unmittelbarer Ausführung und sofortigem Vollzug 48

        1. Alternative Regelung von unmittelbarer Ausführung und sofortigem Vollzug 49

        2. Kumulative Regelung von unmittelbarer Ausführung und sofortigem Vollzug 52

    II. Rechtliche Einordnung der Sofortmaßnahmen im System des formellen Vollstreckungsrechts und des materiellen Polizei- und Ordnungsrechts 58

    III. Maßstabsnorm der Rechtmäßigkeitsüberprüfung des fingierten Grundverwaltungsakts bei den Sofortmaßnahmen 62

    IV. Rechtsnatur der Sofortmaßnahmen 64

Literaturverzeichnis 71

A. Einleitung

Das Verwaltungsvollstreckungsrecht hat Rechtsprechung und Lehre in den letzten Jahren intensiv beschäftigt. Gleichwohl ist eine ganze Reihe diesen Bereich betreffender Fragen bis heute noch nicht abschließend geklärt. Die besonderen Schwierigkeiten beruhen unter anderem darauf, daß die Vollstreckungsgesetze des Bundes und der einzelnen Länder keinem einheitlichen Muster folgen, sondern die verschiedenen Typen des Vollstreckungsverfahrens unterschiedlich regeln. So sieht das Verwaltungsvollstreckungsgesetz des Bundes als Sofortmaßnahme nur den sofortigen Vollzug vor[1], während einige Länder im Bereich der Gefahrenabwehr insoweit entweder ausschließlich das Institut der unmittelbaren Ausführung[2] oder nur das des sofortigen Vollzugs[3] kennen; andere Ländergesetze wiederum enthalten beide Sofortmaßnahmen, also sowohl die unmittelbare Ausführung als auch den Sofortvollzug[4]. Vor dem Hintergrund dieser Zersplitterung der Ausgestaltung des Verwaltungsvollstreckungsrechts erscheint es zunächst angezeigt, die einzelnen Verfahrenstypen darzustellen und gegeneinander abzugrenzen, um auf diese Weise das auf heterogenen Begriffsbestimmungen beruhende unklare Bild ein wenig zu ordnen. Dabei beschränken sich die Ausführungen auf den Bereich des Polizei- und Ordnungsrechts und versuchen dementsprechend, am Beispiel polizei- und ordnungsrechtlicher Maßnahmen Licht in die Typologie und Strukturen des Verwaltungsvollstreckungsrechts des Bundes und der Länder zu bringen. Darüber hinaus werden einige besonders bedeutsame und umstrittene Einzelfragen, die sich im Zusammenhang mit der Durchführung polizei- und ordnungsrechtlicher Maßnahmen stellen, erörtert und Lösungsvorschläge unterbreitet.

---

[1] Vgl. § 6 Abs. 2 BVwVG.
[2] § 8 Abs. 1 PolGBad-Württ; § 7 Abs. 1 HmbSOG; § 6 Abs. 1 SächsPolG.
[3] §§ 40 Abs. 1 BremPolG, 11 Abs. 2 BremVwVG; § 81 SOGMV; § 64 Abs. 2 N-GefAG; § 50 Abs. 2 PolGNW; § 44 Abs. 2 SPolG; § 230 Abs. 1 LVwGSchl-H.
[4] Art. 9 Abs. 1, 53 Abs. 2 PAGBay; §§ 15 Abs. 1 ASOG Bln, 5 Abs. 2 VwVfGBln, 6 Abs. 2 BVwVG; §§ 8 Abs. 1, 53 Abs. 2 VGPolGBbg; §§ 8 Abs. 1, 47 Abs. 2 HSOG; §§ 6 Abs. 1 POGRh-Pf., 61 Abs. 2 VwVGRh-Pf; §§ 9 Abs. 1, 53 Abs. 2 SOGLSA; §§ 9 Abs. 1, 51 Abs. 2 PAGThür.

B. Zur Unterscheidung von Vollstreckungsverfahren und Vollstreckungsmitteln

Das Verwaltungsvollstreckungsverfahren betrifft die Frage, auf welche Art und Weise die Behörde den von ihr intendierten Zweck zu erreichen in der Lage ist. Hierbei kommen unterschiedliche Verfahrenstypen ist Betracht, die an dieser Stelle noch eher holzschnittartig als das mehraktige Verwaltungsvollstreckungsverfahren und das einaktige Verwaltungsvollstreckungsverfahren (Sofortmaßnahmen[5]) charakterisiert werden sollen. Hiervon sind die Verwaltungsvollstreckungsmittel zu unterscheiden. Dabei handelt es sich um die Instrumente, derer sich die Behörde bedienen kann, um das von ihr anvisierte Vollstreckungsziel zu verwirklichen. Zu diesen Zwangsmitteln zählen die Festsetzung eines Zwangsgeldes, die Ersatzvornahme, die Anwendung unmittelbaren Zwanges und die Erzwingungshaft. Wegen dieser ganz unterschiedlichen Funktionen von Verwaltungsvollstreckungsverfahren und Verwaltungsvollstreckungsmitteln erscheint es fehlerhaft, jedenfalls aber irreführend, das Institut der unmittelbaren Ausführung als eine Erscheinungsform der Sofortmaßnahmen und die Ersatzvornahme miteinander zu vergleichen und nach deren tragenden Differenzierungsmerkmalen Ausschau zu halten[6]. Selbst wenn man davon ausgehen wollte, daß die Ersatzvornahme einen vorausgehenden Verwaltungsakt voraussetzt und damit nur im mehraktigen Verwaltungsvollstreckungsverfahren einsetzbar wäre, änderte dies nichts an der prinzipiellen funktionalen Unterschiedlichkeit von Ersatzvornahme und unmittelbarer Ausführung (Sofortmaßnahme): Erstere ist ein Zwangsmittel, letztere eine spezielle Ausprägung des Verwaltungsvollstreckungsverfahrens beziehungsweise des materiellen Polizei- und Ordnungsrechts[7]. Unterscheiden sich aber unmittelbare Ausführung und Ersatzvornahme in ihrer Funktion grund-

---

[5] Freilich sei, um Mißverständnissen vorzubeugen, bereits hier darauf hingewiesen, daß die Sofortmaßnahmen nicht schlechthin dem Verwaltungsvollstreckungsrecht zugeordnet werden können, sondern teilweise als spezielle Form der öffentlich-rechtlichen Geschäftsführung ohne Auftrag dem materiellen Polizei- und Ordnungsrecht angehören; vgl. hierzu unten unter E. II. bei Fn. 167 (S. 61).

[6] In diesem Sinne aber *P. Schäfer*, BayVBl. 1989, 742; VGH Kassel, DVBl. 1995, 370; siehe auch *H. Melchinger*, VBlBW 1991, 235; *H. Wolf / U. Stephan*, Polizeigesetz für Baden-Württemberg, § 8 Rdnr. 6.

[7] Vgl. hierzu bereits die Anmerkung in Fn. 5.

B. Unterscheidung von Vollstreckungsverfahren und Vollstreckungsmitteln

legend voneinander, verbietet es sich, beide verwaltungsrechtlichen Rechtskategorien zueinander in Beziehung zu setzen und aus ihnen ein Begriffspaar mit funktional gleichartigen Einzelelementen zu kreieren, die sich lediglich in ihrer Eigenart voneinander unterscheiden. Die Polarität von unmittelbarer Ausführung und Ersatzvornahme beruht nicht auf vollstreckungsverfahrensrechtlichen Gegensätzen, sondern auf der gebotenen Trennung zwischen Verwaltungsvollstreckungsverfahren und Verwaltungsvollstreckungsmitteln.

An diesem Ergebnis vermag auch nichts zu ändern, daß nach den landesrechtlichen Bestimmungen die Verpflichtung zur Erstattung der Kosten für die Ersatzvornahme einerseits und der Kosten für die unmittelbare Ausführung als Sofortmaßnahme andererseits jeweils gesondert, also in unterschiedlichen Vorschriften geregelt ist[8]. Denn auch insoweit geht es nicht um die Gegenüberstellung von unmittelbarer Ausführung und Ersatzvornahme, sondern um die Auferlegung der im Rahmen des ein- beziehungsweise mehraktigen Verwaltungsvollstreckungsverfahrens anfallenden Kosten. Auch insoweit bilden also die zwei Grundformen des Verwaltungsvollstreckungsverfahrens das maßgebliche Vergleichspaar.

Und schließlich läßt sich mit guten Gründen bestreiten, daß das Zwangsmittel der Ersatzvornahme ausschließlich für das mehraktige Verwaltungsvollstreckungsverfahren reserviert ist und nur bei einem vorgelagerten Verwaltungsakt zur Anwendung gelangen kann. Denn die Ersatzvornahme ist dadurch gekennzeichnet, daß die Behörde die dem Pflichtigen obliegende vertretbare Handlung entweder durch einen von ihr beauftragten Dritten (sog. Fremdvornahme) oder aber, soweit dies das Landesrecht vorsieht, durch eigene Dienstkräfte (sog. Selbstvornahme) durchsetzen läßt[9]. Ein solches dem Pflichtigen obliegendes Handlungsgebot wird regelmäßig durch einen entsprechenden Verwaltungsakt begründet, der sodann im mehraktigen Vollstreckungsverfahren vollstreckt werden kann. Nur wird man den Einsatz von Zwangsmitteln nicht von dem Erlaß eines entsprechenden Grundverwaltungsakts abhängig machen können. Denn auch in den Fällen des einaktigen Verfahrens kann gegen den ordnungs- oder polizeirechtlich Pflichtigen zwangsweise vorgegangen und damit eine dem Pflichtigen obliegende Handlung durchgesetzt werden. Insoweit fehlt es allerdings regelmäßig an einer die ordnungs- oder polizeirechtliche Pflicht konkretisierenden Grundverfügung. Indes wird die nach materiellem Recht zunächst nur als abstrakte Handlungsver-

---

[8] Vgl. §§ 8 Abs. 2 PolGBad-Württ, §§ 25, 31 Abs. 4 VwVGBad-Württ; §§ 7 Abs. 3 HmbSOG, 19 HmbVwVG; §§ 6 Abs. 2 SächsPolG, 24 Abs. 2 SächsVwVG.

[9] Zur Fremd- und Eigenvornahme als Erscheinungsformen der Ersatzvornahme und ihrem entstehungsgeschichtlichen Hintergrund *K. Mertens*, Die Kostentragung bei der Ersatzvornahme im Verwaltungsrecht, S. 19 ff.

pflichtung feststehende Verhaltensmaxime durch das behördliche Vorgehen im Wege der unmittelbaren Ausführung oder des Sofortvollzugs konkretisiert und auf diese Weise zu einer dem Pflichtigen obliegenden Handlung im Sinne des Verwaltungsvollstreckungsrechts. Aus diesem Grunde ist die Anwendung des Zwangsmittels Ersatzvornahme nicht auf das mehraktige Vollstreckungsverfahren beschränkt, sondern erstreckt sich auch auf die Sofortmaßnahmen[10]. Konkret: Sofern die Polizeikräfte im Falle eines verunglückten Öltankwagens ohne vorausgehenden Grundverwaltungsakt die erforderlichen Zwangsmaßnahmen treffen, indem sie einen Privatunternehmer mit dem Abpumpen des Öls beauftragen, liegt ein Fall der Ersatzvornahme vor[11]. Die Kostentragung regelt sich in diesem Fall nach den Vorschriften über die Sofortmaßnahmen. Dieses Beispiel macht deutlich, daß die Kostentragung für die Ersatzvornahme und die Kostenregelung bei der unmittelbaren Ausführung kein taugliches Vergleichspaar bilden, sondern nur die unterschiedlichen Kostenregelungen beim mehr- und einaktigen Verwaltungsvollstreckungsverfahren miteinander vergleichbar sind.

---

[10] Vgl. statt vieler *H. Engelhardt / M. App*, VwVG, VwZG, § 6 VwVG Anm. IV. 2. (S. 63); *K. H. Friauf*, in: I. v. Münch / E. Schmidt-Aßmann (Hrsg.), Besonderes Verwaltungsrecht, Rdnr. 196; *M. Oldiges*, in: D. Grimm / H.-J. Papier (Hrsg.), StVwR-NW, S. 236 (287); *G. Sadler*, VwVG, § 6 Rdnr. 134; *A. Schmitt-Kammler*, NWVBL 1989, 389 (393); *J. Schwabe*, NVwZ 1994, 629; OVG Münster, DVBl. 1975, 588: sofortiger Vollzug in der Form der Ersatzvornahme.

[11] So ausdrücklich auch *H. Maurer*, Allgemeines Verwaltungsrecht, § 20 Rdnr. 25.

C. Typologie des Vollstreckungsverfahrens

Die vorstehenden Erörterungen haben bereits deutlich werden lassen, daß das Verwaltungsvollstreckungsverfahren in zwei Grundtypen aufgegliedert ist: das mehr- und das einaktige Vollstreckungsverfahren. Maßgebliches Abgrenzungskriterium beider Verfahrenstypen ist regelmäßig der Erlaß eines Grundverwaltungsakts. Während beim mehraktigen Verwaltungsvollstreckungsverfahren ein solcher Grundverwaltungsakt stets vorausgegangen sein muß, der sodann unter Beachtung spezieller Vollstreckungsvoraussetzungen vollzogen werden kann, fehlt es beim einaktigen Verwaltungsvollstreckungsverfahren prinzipiell an einer derartigen Grundverfügung. Unter besonderen Voraussetzungen dürfen die Polizei- und Ordnungskräfte auch ohne vorausgehenden Grundverwaltungsakt die erforderlichen Maßnahmen treffen. Die beiden unterschiedlichen Vollstreckungsverfahren sind in erster Linie Gegenstand der nachstehenden Überlegungen (dazu unter I. und II.). Schließlich soll auf die sogenannten polizeilichen Standardmaßnahmen eingegangen werden. Dieser Typus tritt neben das mehr- und einaktige Verwaltungsvollstreckungsverfahren, weil die Durchführung der betreffenden Standardmaßnahmen teilweise die Vollstreckung der Maßnahme impliziert, so daß sich ein Rückgriff auf das allgemeine mehr- oder einaktige Vollstreckungsverfahren erübrigt; teilweise sind aber auch nur einzelne Elemente des Vollstreckungsrechts Gegenstand der jeweiligen Regelungen, mit der Folge, daß insoweit die allgemeinen vollstreckungsrechtlichen Regelungen ergänzend anwendbar sind (dazu unter III.).

I. Mehraktiges Vollstreckungsverfahren

1. Gestrecktes mehraktiges Vollstreckungsverfahren als Regeltypus des Vollstreckungsrechts

Das mehraktige Verwaltungsvollstreckungsverfahren ist ein in mehrere Verfahrensabschnitte untergliedertes Verfahren, das den Erlaß eines entsprechenden auf Handlung, Duldung oder Unterlassung gerichteten Grundverwaltungsakts voraussetzt und dessen spezifische Funktion darin besteht, die zwangsweise Durchsetzung der durch den Grundverwaltungsakt begründeten

Regelungsanordnung nach Möglichkeit zu vermeiden und diese nur im äußersten Fall hartnäckiger Pflichtverweigerung zu gestatten. Es ist ein auf Schonung individueller Freiheitsräume bedachtes Verfahren, weil es dem Bürger in den einzelnen Verfahrensabschnitten immer wieder „die Hand reicht" und ihm die Möglichkeit gibt, der ihm auferlegten Verpflichtung zu einem ganz bestimmten Verhalten zu entsprechen und auf diese Weise die Anwendung von Verwaltungszwang zu verhindern[12]. Kurzum: Das mehraktige Verwaltungsvollstreckungsverfahren verhilft dem rechtsstaatlichen, genauer: dem aus den Freiheitsgrundrechten fließenden Grundsatz der Verhältnismäßigkeit zur Verwirklichung, weil es Verwaltungszwang gegen den Bürger nur insoweit zuläßt, als dieser zur Durchsetzung verwaltungsrechtlicher Pflichten des Bürgers unbedingt erforderlich ist[13]. Diese verfahrensrechtliche Konkretisierung des allgemeinen Grundsatzes der Verhältnismäßigkeit läßt es zugleich zum Regeltypus des Verwaltungsvollstreckungsverfahrens avancieren. Das in mehrere Verfahrensabschnitte zerfallende mehraktige Verwaltungsvollstreckungsverfahren ist der Regelfall zwangsweisen behördlichen Vorgehens gegen den Bürger, zu dessen Ausnahme es eines qualifizierten, die Abweichung vom Regeltypus hinreichend legitimierenden Grundes bedarf.

Beim mehraktigen Verwaltungsvollstreckungsverfahren unterscheidet man insgesamt zwei Erscheinungsformen: das *gestreckte* und das *abgekürzte* Verwaltungsvollstreckungsverfahren. Beide spezielle Verfahrenstypen heben sich durch die Anzahl der in das Vollstreckungsverfahren eingefügten Glieder voneinander ab. Während beim gestreckten Verwaltungsvollstreckungsverfahren die Kette der einzelnen verfahrensrechtlichen Elemente vollständig ist, fehlen beim abgekürzten Vollstreckungsverfahren einzelne Elemente. Insoweit darf unter den noch zu nennenden Vorausssetzungen der eine oder andere Verfahrensabschnitt gleichsam übersprungen und sogleich zum Verwaltungszwang übergegangen werden. Da jeder einzelne Verfahrensabschnitt dem Bürger die Möglichkeit eröffnet, durch Befolgung der ihm auferlegten Verpflichtung die zwangsweise Durchsetzung verwaltungsrechtlicher Ansprüche durch die Behörde abzuwenden, nimmt der individuelle Freiheitsrechte sichernde Gehalt des Verwaltungsvollstreckungsverfahrens mit der Anzahl der zwischengeschalteten Verfahrensglieder stetig zu. Der Maximalstandard des Individualrechtsschutzes wird beim gestreckten Verwaltungsvollstreckungsverfahren erreicht, während dem abgekürzten Verfahren unweigerlich ein Verlust an individuellen Ausweich- und Abwendungsmöglichkeiten korrespondiert. Deshalb bedarf das oben herausgebildete Axiom der weiteren Konkretisierung: Nicht das mehraktige Verwaltungsvollstreckungsverfahren schlechthin, sondern le-

---

[12] Vgl. *R. Pietzner*, VerwArchiv Bd. 84 [1993], 261.
[13] Vgl. *K. Hormann*, Die Anwendung von Verwaltungszwang, S. 37; *R. Pietzner*, VerwArchiv Bd. 84 [1993], 261 (263 m.w.N.).

diglich das *gestreckte* mehraktige Vollstreckungsverfahren bildet den Regeltypus des Verwaltungsvollstreckungsrechts, weil es die individuellen Freiheitsrechte bestmöglich zu schützen und zu sichern hilft. Jede Abweichung von diesem vollstreckungsrechtlichen Regelmodell, jedes Auslassen und Überspringen der das gestreckte Verwaltungsvollstreckungsverfahren umspannenden Verfahrensglieder verkürzt individuelle Freiheitsräume und steht deshalb unter besonderem Rechtfertigungszwang[14].

Im folgenden werden das gestreckte und das abgekürzte Verwaltungsvollstreckungsverfahren im einzelnen darstellt und deren Unterschiede sichtbar gemacht. Vorab aber gilt es, auf die für das mehraktige Verwaltungsvollstreckungsverfahren typusprägende Grundvoraussetzung einzugehen, die sowohl beim gestreckten als auch beim abgekürzten Vollstreckungsverfahren vorliegen muß, also beide Verfahrenstypen untrennbar miteinander verbindet, und die zugleich das maßgebliche Abgrenzungs- und Differenzierungsmerkmal zwischen mehraktigem und einaktigem Vollstreckungsverfahren bildet: den Erlaß eines (wirksamen) Grundverwaltungsakts.

2. Grundvoraussetzung des mehraktigen Vollstreckungsverfahrens: Grundverwaltungsakt

a) Vollstreckungsrechtliche Funktion des Grundverwaltungsakts

Während der Bürger seine (vermeintlichen) Ansprüche in der Regel nicht selbst zwangsweise durchsetzen kann, sondern sich hierzu im Interesse des Rechtsfriedens und der materiellen Gerechtigkeit der staatlichen Gerichte und der staatlichen Vollstreckungsorgane bedienen muß, verfügt die Behörde über ein maßgebliches Privileg. Sie kann ihre verwaltungsrechtlichen Ansprüche ohne Einschaltung eines erkennenden Gerichts und besonderer Vollstreckungsorgane selbst vollstrecken, also zwangsweise durchsetzen. Die Grundlage hierfür bildet der Erlaß eines (Grund-) Verwaltungsakts, der das Verwaltungsverfahren abschließt (vgl. § 9 VwVfG). Er hat im vollstreckungsrechtlichen Zusammenhang die Funktion, das Rechtsverhältnis zwischen Staat und Bürger zu individualisieren und verbindlich zu konkretisieren und auf diese

---

[14] Zum gestreckten mehrstufigen Verwaltungsvollstreckungsverfahren als Regeltypus des Vollstreckungsverfahrens grundlegend *K. Hormann*, Die Anwendung von Verwaltungszwang, S. 37 ff.; siehe auch *R. Pietzner*, VerwArchiv Bd. 84 [1993], 261 (262 f.); *H. Engelhardt / M. App*, VwVG, VwZG, Vorb. § 6 VwVG Anm. 1. a) (S. 44).

Weise die materiell- und verfahrensrechtliche Grundlage, den Titel, für das anschließende Vollstreckungsverfahren zu schaffen[15].

Über diese Titelfunktion hinaus hat der Verwaltungsakt eine den betroffenen Bürger schonende, seine individuellen Belange schützende Funktion, die zugleich die Rolle des einzelnen im demokratischen Rechtsstaat widerspiegelt. Zwar ist der Bürger der Ausübung staatlicher Gewalt unterworfen, die als Korrelat hierzu, um also den notwendigen Zurechnungszusammenhang zwischen staatlicher Gewaltausübung und Gewaltunterworfenheit des Volkes herzustellen, demokratisch legitimiert sein muß[16]. Er ist aber kein Untertan, sondern Bürger, dessen Schutz im Zentrum jedweder staatlichen Tätigkeit steht. Deshalb verpflichtet das geltende Verwaltungsverfahrensrecht auch die Verwaltung, den betroffenen Bürger anzuhören (§ 28 VwVfG) und den Hoheitsakt mit einer Begründung zu versehen (§ 39 VwVfG), sofern sie von ihrer einseitigen Bestimmungsbefugnis Gebrauch macht und einen (belastenden) Verwaltungsakt erläßt. Dieses staatsdisziplinierende und -domestizierende, auf Schonung individueller Freiheitsräume gerichtete Schutzmodell erstreckt sich ebenso auf das Verwaltungsvollstreckungsrecht und verleiht diesem die rechtsstaatlich kompatiblen Konturen. Das geltende Verwaltungsvollstreckungsrecht erteilt jedem Staatsverständnis eine deutliche und unmißverständliche Absage, das die - auch unter den Bedingungen des grundgesetzlichen demokratischen Rechtsstaates - unabdingbare Rechtsgehorsams- und Rechtsbefolgungspflicht des Bürgers gleichsam mit dem Knüppel zu erzwingen versucht. Als rechtsstaatlich-liberales Verfahren setzt es für die Anwendung von Verwaltungszwang den Erlaß eines Grundverwaltungsakts prinzipiell voraus. Solange und soweit die Verwaltung die dem Bürger abverlangte Verhaltenspflicht nicht durch einen Grundverwaltungsakt konkretisiert hat, darf sie gegenüber dem

---

[15] Zur Titelfunktion des Verwaltungsakts vgl. statt vieler *M. App*, Verwaltungsvollstreckungsrecht, Rdnr. 88; *dens.*, JuS 1987, 203 (204); *Ch. Gusy*, Polizeirecht, Rdnr. 350; *dens.*, JA 1990, 296 (296 und 301); *K. Habermehl*, Polizei- und Ordnungsrecht, Rdnr. 732; *K. Hormann*, Die Anwendung von Verwaltungszwang, S. 38; *W. Löwer*, JuS 1980, 805 (806); *H. Maurer*, Allgemeines Verwaltungsrecht, § 20 Rdnr. 2; *R. Pietzner*, VerwArchiv Bd. 82 [1991], 291 (292); *dens.*, VerwArchiv Bd. 84 [1993], 261 f.

[16] Zum Gebot demokratischer Legitimation als Organisations- und Legitimationsprinzip für die Ausübung staatlicher und kommunaler Herrschaftsgewalt vgl. BVerfGE 47, 253 (275); 83, 60 (71 f.); aus dem Schrifttum statt vieler *E.-W. Böckenförde*, in: J. Isensee / P. Kirchhof (Hrsg.), HdbStR I, § 22 Rdnm. 2 ff.; *H. Dreier*, Hierarchische Verwaltung im demokratischen Staat, S. 121 ff., 129 ff.; *E. T. Emde*, Die demokratische Legitimation der funktionalen Selbstverwaltung, S. 26 ff.; *M. Jestaedt*, Demokratieprinzip und Kondominialverwaltung, S. 173, 176 f., 178 ff., 204 ff.; *E. Schmidt-Aßmann*, AöR Bd. 116 [1991], 329, 337 ff.; *K. Waechter*, Geminderte demokratische Legitimation staatlicher Institutionen im parlamentarischen Regierungssystem, S. 32 ff.

Bürger nicht zwangsweise vorgehen. Dadurch soll es dem Bürger ermöglicht werden, den Verwaltungszwang durch Pflichterfüllung abzuwenden und den Einsatz staatlicher Zwangsmittel überflüssig zu machen. Damit wird die Ausübung von Verwaltungszwang auf das unbedingt erforderliche Maß beschränkt und auf diese Weise dem Grundsatz der Verhältnismäßigkeit verfahrensrechtlich entsprochen[17]. Fazit: Der Verwaltungsakt fungiert in dem Modell eines rechtsstaatlich ausgerichteten Verwaltungsvollstreckungsverfahrens als ein wesentlicher Baustein, weil er zur Hemmung und Mäßigung staatlicher Gewaltausübung und zur Sicherung der persönlichen Rechtssphäre des Bürgers maßgeblich beiträgt: Über seine vollstreckungsrechtliche Titelfunktion hinaus verhilft der Verwaltungsakt dem Grundsatz der Verhältnismäßigkeit im Vollstreckungsrecht zur Verwirklichung, indem er die Ausübung von Rechtszwang auf das unabdingbare Maß reduziert.

b) Einzelfragen des Grundverwaltungsakts

Der Grundverwaltungsakt entfaltet nur insoweit Regelungswirkung und kommt demzufolge nur insoweit als Grundlage des mehraktigen Verwaltungsvollstreckungsverfahrens in Betracht, als er wirksam ist. Unwirksame Verwaltungsakte vermögen keine Verhaltenspflichten zu begründen und sind als rechtliches nullum einer Vollstreckung auch nicht zugänglich. Ein nichtiger Verwaltungsakt (§ 43 Abs. 3 VwVfG) kann also im mehraktigen Verfahren nicht vollstreckt werden, weil es insoweit an einem vollstreckungsfähigen Substrat in der Gestalt eines Grundverwaltungsakts fehlt. Freilich bedarf es hierzu keiner ausdrücklichen (schriftlichen) behördlichen Anordnung. Auch konkludent ergangene Gebote oder Verbote reichen aus[18]. Dazu zählen auch Verkehrsgebote, wie sie in Verkehrszeichen und -einrichtungen erblickt werden[19]. Freilich bedarf es zur Wirksamkeit des Grundverwaltungsakts stets der Bekanntgabe im Sinne der §§ 41, 43 Abs. 1 VwVfG[20]. Eine andere, hiervon zu

---

[17] *R. Pietzner*, VerwArchiv Bd. 84 [1993], 261 (262 f. m.w.N. in Fn. 6).

[18] Vgl. statt aller *Th. Würtenberger / D. Heckmann / R. Riggert*, Polizeirecht in Baden-Württemberg, Rdnr. 471.

[19] Vgl. BVerwG, NJW 1978, 656 f.; NVwZ 1988, 623 f.; siehe zuletzt BVerwGE 92, 32 (34); BVerwG, NJW 1995, 1977.

[20] Deshalb ist etwa gegenüber dem Halter eines von ihm nicht gesteuerten, im Halteverbot (§ 41 Abs. 2 Nr. 8 StVO, Zeichen 282) abgestellten PKW die Allgemeinverfügung im Sinne des § 35 Satz 2, 3. Alt. VwVfG in der Gestalt des Halteverbotsschildes nicht bekanntgegeben (so übereinstimmend, wenngleich das Ergebnis teilweise auf § 43 Abs. 1 S. 1 VwVfG, teilweise auf § 43 Abs. 3 S. 2 VwVfG gestützt wird, vgl. BVerwGE 27, 181 [184]; 59, 221 [226]; BayObL, BayVBl. 1984, 441; OVG Münster, NJW 1990, 2835; VGH Mannheim, NJW 1991, 1698; OVG Hamburg, NJW 1992, 1909; *K. Dienelt*, NVwZ 1994, 664 [665 m.w.N.]; *V. Götz*, NVwZ 1990, 725 [732];

trennende Frage ist, ob der entsprechende Grundverwaltungsakt über seine Wirksamkeit hinaus schlechthin rechtmäßig sein muß. Dieser hochkomplexe Problemkreis bedarf einer differenzierenden Beurteilung und wird später noch im einzelnen behandelt werden[21]. Um Mißverständnissen vorzubeugen, soll allerdings bereits an dieser Stelle darauf hingewiesen werden, daß die Frage nach der Rechtmäßigkeit des Grundverwaltungsakts allein die rechtliche Beurteilung der Vollstreckung bestimmt, nicht aber die Abgrenzung zwischen mehraktigem und einaktigem Verwaltungsvollstreckungsverfahren. Mit anderen Worten: Sofern ein wirksamer Grundverwaltungsakt ergangen ist, kommt allein eine Vollstreckung im mehraktigen Verfahren in Betracht, und zwar unabhängig davon, ob die Grundverfügung rechtmäßig oder rechtswidrig ist. Das einaktige Verwaltungsvollstreckungsverfahren ist ausschließlich der Vollstreckung ohne vorausgehenden (wirksamen) Grundverwaltungsakt vorbehalten.

In inhaltlicher Hinsicht muß der Grundverwaltungsakt auf die Vornahme einer bestimmten Handlung, Duldung oder Unterlassung gerichtet sein. Vollstreckbar sind demnach nur imperative Verwaltungsakte, also Verwaltungsakte, die ein Gebot oder Verbot enthalten. Feststellende und gestaltende Verwaltungsakte verwirklichen sich ipso jure und sind daher bereits ihrer Eigenart nach einer Vollstreckung nicht bedürftig und damit nicht fähig[22,23].

---

dens., NVwZ 1994, 652 [661]; *J. Schwabe*, NVwZ 1994, 629 [630]). Mangels sogenannter innerer Wirksamkeit der im Verkehrszeichen verkörperten Anordnung und damit mangels wirksamen Grundverwaltungsakts kommen demnach als eingriffslegitimierende Ermächtigungsgrundlagen nur die Vorschriften über die polizeiliche Sofortmaßnahmen in Betracht (vgl. statt vieler VGH Kassel, NVwZ 1988, 655; VGH München, NVwZ-RR 1989, 298; OVG Lüneburg, NVwZ-RR 1989, 647; VGH Mannheim, NJW 1991, 1698; OVG Hamburg, NJW 1992, 1909; *E. Denninger*, in: H. Lisken / E. Denninger, Handbuch des Polizeirechts, E Rdnr. 133; *V. Götz*, NVwZ 1994, 652 [661]).

[21] Vgl. hierzu unten unter D., S. 34 ff.
[22] Vgl. dazu statt aller *M. App*, Verwaltungsvollstreckungsrecht, Rdnr. 92; *ders.*, JuS 1987, 203 (204); *K. Hormann*, Die Anwendung von Verwaltungszwang, S. 38 Fn. 4; *K.-H. Kästner*, JuS 1994, 361 (362); *H. Maurer*, Allgemeines Verwaltungsrecht, § 20 Rdnr. 6; *Th. Würtenberger / D. Heckmann / R. Riggert*, Polizeirecht in Baden-Württemberg, Rdnr. 472.
[23] Deshalb geht der Begriff der Vollziehung von Verwaltungsakten im Sinne des § 80 VwGO über den der Vollstreckung hinaus, weil er auch rechtsgestaltende und feststellende Verwaltungsakte erfaßt, die zwar vollzugs-, nicht aber vollstreckungsfähig sind; vgl. zur notwendigen Unterscheidung von Vollziehung und Vollstreckung von Verwaltungsakten *W. Schmitt Glaeser*, Verwaltungsprozeßrecht, Rdnr. 256.

3. Gestrecktes Vollstreckungsverfahren

Neben den Erlaß des entsprechenden Grundverwaltungsakts treten weitere allgemeine und besondere Vollstreckungsvoraussetzungen, die kumulativ vorliegen müssen, damit von einem gestreckten Verwaltungsvollstreckungsverfahren als Regeltypus der Verwaltungsvollstreckung die Rede sein kann[24]. Zunächst muß der Grundverwaltungsakt vollstreckbar sein. (Grund-) Verwaltungsakte können vollstreckt werden, sofern sie unanfechtbar sind oder wenn die aufschiebende Wirkung des Rechtsbehelfs entfällt, und zwar entweder weil die sofortige Vollziehung im Sinne des § 80 Abs. 2 Nr. 4 in Verbindung mit § 80 Abs. 3 VwGO angeordnet worden ist oder weil dem Rechtsbehelf bereits kraft Gesetzes keine aufschiebende Wirkung zukommt (§ 80 Abs. 2 Nr. 2 und 3 VwGO)[25].

Hieran schließt sich ein mehrstufiges, aus bis zu drei Zwischengliedern bestehendes Vollstreckungsverfahren an, das von der Androhung über die Festsetzung bis zur Anwendung des Verwaltungszwangs reicht. Die Androhung[26] erfüllt die Funktion, den Adressaten der behördlichen Verfügung zu warnen und ihm die Folgen der Nichtbefolgung des Befehls deutlich vor Augen zu führen[27]. Auf diese Weise soll er zur freiwilligen Pflichterfüllung angehalten werden, um ein zwangsweises Vorgehen gegen ihn entbehrlich zu machen. Die dem Bürger durch den Verwaltungsakt ermöglichte Gelegenheit, den Verwaltungszwang durch eigenes Zutun abzuwenden, wird hierdurch wiederholt. Der Staat schaltet also der realen Zwangsanwendung durch deren Inaussichtstellung eine Form psychischer Zwangsanwendung vor, um den Bürger zur Pflichterfüllung zu bewegen und auf diese Weise von dem Einsatz spezifisch obrigkeitsstaatlicher Machtinstrumentarien abrücken zu können. Ebenso wie das Erfordernis einer Grundverfügung zielt auch die Androhung des Zwangs-

---

[24] Zum Begriff des gestreckten Verfahrens vgl. statt vieler *Ch. Gusy*, Polizeirecht, Rdnr. 350; *dens.*, JA 1990, 296 (296 und 301); *K. Habermehl*, Polizei- und Ordnungsrecht, Rdnr. 747; *Th. Würtenberger / D. Heckmann / R. Riggert*, Polizeirecht in Baden-Württemberg, Rdnr. 505.
[25] Vgl. § 6 Abs. 1 BVwVG sowie die entsprechenden landesrechtlichen Normen; vgl. nur § 2 VwVGBad-Württ; Art. 53 Abs. 1 PAGBay; § 53 Abs. 1 VGPolGBbg; § 18 Abs. 1 HmbVwVG; § 47 Abs. 1 HSOG; § 80 Abs. 1 SOGMV; § 64 Abs. 1 NGefAG; § 47 Abs. 1 PolGNW; § 50 Abs. 1 POGRh-Pf; § 44 Abs. 1 SPolG; § 53 Abs. 1 SOG-LSA; § 229 Abs. 1 LVwGSchl-H; § 53 Abs. 1 PAGThür.
[26] Vgl. § 13 BVwVG; vgl. zu den entsprechenden landesrechtlichen Vorschriften nur § 20 VwVGBad-Württ; Art. 59 Abs. 1 PAGBay; § 18 Abs. 2 HmbVwVG; § 56 PolGNW; § 236 Abs. 1 LVwGSchl-H.
[27] Vgl. zu dieser vollstreckungsrechtlichen Funktion der Androhung des Zwangsmittels *Th. Würtenberger / D. Heckmann / R. Riggert*, Polizeirecht in Baden-Württemberg, Rdnr. 477.

mittels in Konkretisierung des Verhältnismäßigkeitsprinzips auf eine Beschränkung des Verwaltungszwanges auf die Fälle hartnäckiger Pflichtverweigerung[28].

Die Festsetzung des Zwangsmittels ist die härteste und letzte Warnung an den untätig gebliebenen Pflichtigen. Es ist die letzte Stufe, ehe zur Tat geschritten und das Zwangsmittel angewendet wird[29]. Weil allerdings die Androhung bereits den Zeitpunkt und das Maß der Zwangsanwendung zu einem erheblichen Teil regelt, kommt der Festsetzung keine wesentliche Bedeutung zu[30]. Deshalb ist die Festsetzung auch nur teilweise zwingend vorgeschrieben[31]. Das letzte Glied in der Kette des gestreckten Verwaltungsvollstreckungsverfahrens bildet schließlich die Anwendung des Zwangsmittels[32].

4. Abgekürztes Vollstreckungsverfahren

Das mehraktige gestreckte Verwaltungsvollstreckungsverfahren ist aufgrund seiner zeitlich aufeinander folgenden Zwischenglieder äußerst langwierig. Zunächst muß ein Grundverwaltungsakt ergehen, weiter muß dieser vollsteckbar sein, und schließlich muß die mit der Androhung festgesetzte Frist abgelaufen sein, bevor mit der Anwendung des Vollstreckungsmittels begonnen werden kann. Teilweise kann der zeitraubende Ablauf dieser einzelnen Verfahrensabschnitte nicht abgewartet werden, um den mit der Grundverfügung intendierten Zweck nicht zu gefährden oder sogar zu vereiteln. In Eilfällen können daher einzelne Verfahrensabschnitte ausgelassen und es kann

---

[28] *R. Pietzner*, VerwArchiv Bd. 84 [1993], 261 (262 f. m.w.N. in Fn. 6).

[29] Vgl. *G. Sadler*, VwVG, § 14 Rdnr. 5: „Höchste Stufe der Vorbereitung des Zwanges".

[30] *Th. Würtenberger / D. Heckmann / R. Riggert*, Polizeirecht in Baden-Württemberg, Rdnr. 479; a.A. offenbar *K. Hormann*, Die Anwendung von Verwaltungszwang, S. 48, der unter Berufung auf das Rechtsstaatsprinzip eine Festsetzung des Zwangsmittels über die gesetzlich ausdrücklich vorgesehenen Fälle hinaus für unabdingbar erachtet.

[31] So etwa in § 14 BVwVG; in den Ländern ist zumeist eine förmliche Festsetzung des Zwangsmittels nur beim Zwangsgeld zwingend vorgesehen, vgl. nur § 23 VwVG-Bad-Württ; § 20 HmbVwVG; siehe hierzu *H. Maurer*, Allgemeines Verwaltungsrecht, § 20 Rdnr. 22; *Th. Würtenberger / D. Heckmann / R. Riggert*, Polizeirecht in Baden-Württemberg, Rdnr. 479.

[32] Vgl. hierzu *K. Hormann*, Die Anwendung von Verwaltungszwang, S. 41; *H. Maurer*, Allgemeines Verwaltungsrecht, § 20 Rdnr. 23; *Th. Würtenberger / D. Heckmann / R. Riggert*, Polizeirecht in Baden-Württemberg, Rdnr. 480.

I. Mehraktiges Vollstreckungsverfahren

zum sogenannten abgekürzten Verfahren[33] übergegangen werden. Entbehrlich ist indes nicht der Erlaß einer entsprechenden Grundverfügung. Fehlt es an dieser, liegt kein abgekürztes mehraktiges Verwaltungsvollstreckungsverfahren, sondern eine Sofortmaßnahme vor. Die Beschleunigungseffekte des abgekürzten Verfahrens lassen sich auf zwei Ebenen erzielen: auf der Ebene der Vollstreckbarkeit des Grundverwaltungsakts zum einen und der der besonderen Vollstreckungsvoraussetzungen zum anderen.

Von der Entbehrlichkeit des Erfordernisses der Vollstreckbarkeit des Grundverwaltungsakts sind die Fälle der Anordnung der sofortigen Vollziehung (§ 80 Abs. 2 Nr. 4 in Verbindung mit § 80 Abs. 3 VwGO) und des gesetzlich ausgeschlossenen Suspensiveffekts des Rechtsbehelfs (§ 80 Abs. 2 Nr. 2 und 3 VwGO) strikt zu unterscheiden. In diesen Fällen wird der Ablauf des gestreckten Verwaltungsvollstreckungsverfahrens zwar ebenfalls beschleunigt. Gleichwohl liegt insoweit das „normale" gestreckte und kein abgekürztes Verfahren vor. Denn der beschleunigende Effekt tritt hier kraft behördlicher Anordnung beziehungsweise kraft Gesetzes ein, ohne daß von der Voraussetzung der Vollstreckbarkeit des Grundverwaltungsakts Abstand genommen wird. Der Grundverwaltungsakt ist in diesen Fällen sofort, d.h. bereits vor Eintritt seiner Unanfechtbarkeit im gestreckten Vollstreckungsverfahren vollstreckbar[34]. Demgegenüber erfaßt das abgekürzte Verfahren den Fall, daß ein Grundverwaltungsakt vollstreckt wird, obwohl dessen primäre Vollstreckungsvoraussetzung, nämlich seine Vollstreckbarkeit, nicht gegeben ist. Das abgekürzte Verfahren vermag aus Eilgründen also das Erfordernis der Vollstreckbarkeit der Grundverfügung zu überwinden.

Der Blick auf die (landes-) rechtlichen Vorschriften offenbart ein heterogenes Bild der rechtlichen Ausgestaltung des abgekürzten Verfahrens. Hierbei sind insgesamt drei Grundtypen zu nennen, die sich zum einen in bezug auf das Erfordernis der Vollstreckbarkeit der Grundverfügung und zum anderen im Hinblick auf die besonderen Vollstreckungsvoraussetzungen unterscheiden:

- Die erste Gruppe bilden die Länder, in denen das abgekürzte Verfahren umfassend geregelt ist und *beide* Ebenen erfaßt. Danach kann in Eilkonstellationen vom Erfordernis der Vollstreckbarkeit und / oder von der Androhung des Zwangsmittels respektive der Fristsetzung abgewichen werden. Es genü-

---

[33] Zum Begriff des abgekürzten mehraktigen Verwaltungsvollstreckungsverfahrens vgl. statt vieler *K. Habermehl*, Polizei- und Ordnungsrecht, Rdnr. 749; *A. Schmitt-Kammler*, NWVBL 1989, 389 (390).

[34] Siehe in diesem Zusammenhang *Th. Würtenberger / D. Heckmann / R. Riggert*, Polizeirecht in Baden-Württemberg, Rdnr. 502.

gen demnach ein wirksamer Grundverwaltungsakt und die ordnungsgemäße Anwendung des Zwangsmittels[35].

- Bei der zweiten Gruppe der Länder kann hingegen in Eilfällen nur von der Androhung des Zwangsmittels einschließlich der Fristsetzung abgesehen werden, während das Erfordernis der Vollstreckbarkeit des Grundverwaltungsakts unberührt bleibt[36].

- In der dritten Gruppe fehlt es hingegen an einer Regelung sowohl des Erfordernisses der Vollstreckbarkeit der Grundverfügung als auch ihrer besonderen Vollstreckungsvoraussetzungen. Nach den entsprechenden Bestimmungen sind die Zwangsmittel schriftlich anzudrohen, soweit sie nicht im Wege der Sofortmaßnahmen sofort angewendet werden können[37]. Das Erfordernis der Zwangsmittelandrohung soll demnach uneingeschränkt zur Anwendung gelangen, solange nicht die Voraussetzungen des sofortigen Vollzugs vorliegen[38]. Voraussetzung für den sofortigen Vollzug ist neben dem Eilgrund das Fehlen eines entsprechenden Grundverwaltungsaktes[39]. Deshalb wird man die in Rede stehenden Vorschriften dergestalt auslegen müssen, daß von dem Erfordernis der Zwangsmittelandrohung nur im Falle des sofortigen Vollzugs abgesehen werden kann, d.h., sofern im Wege der Sofortmaßnahmen Zwangsmittel angewendet werden. Für eine von diesem Deutungsversuch abweichende Interpretation, daß sich die entsprechende Verweisung nur auf die Eilvoraussetzungen des sofortigen Vollzugs erstreckt, nicht aber auf das den sofortigen Vollzug prägende Merkmal „Fehlen eines Grundverwaltungsaktes", ergibt sich im Wortlaut der entsprechenden Bestimmungen schlechthin kein Anhaltspunkt. Die Wendung „wenn sie nicht sofort angewendet werden kön-

---

[35] § 21 VwVGBad-Württ; § 27 HmbVwVG; § 72 VwVGHess; §§ 80 Abs. 2, 87 Abs. 1 S. 2 SOGMV; §§ 229 Abs. 2, 236 Abs. 1 S. 2, 2. Alt. LVwGSchl-H; § 54 VwZVGThür.

[36] Siehe Art. 59 Abs. 1 S. 3 PAGBay, Art. 35 VwZVGBay; §§ 58 Abs. 1 S. 3 VGPolGBbg, 23 Abs. 1 VwVGBbg; §§ 56 Abs. 1 S. 3, 61 Abs. 1 S. 2 PolGNW, 63 Abs. 2 VwVGNW; §§ 70, Abs. 1 S. 2, 74 Abs. 1 S. 2 NGefAG; §§ 50 Abs. 1 S. 3, 54 Abs. 1 S. 2 SPolG, 19 Abs. 1 S. 1 SVwVG; §§ 59 Abs. 1 S. 3, 63 Abs. 1 S. 2 SOG-LSA; §§ 32 Abs. 2 S. 2 SächsPolG, 21 SächsVwVG; §§ 56 Abs. 1 S. 3 POGRh-Pf, 66 Abs. 1 S. 1 VwVGRh-Pf.

[37] Vgl. §§ 13 Abs. 1 S. 1 i.V.m. 6 Abs. 2 BVwVG; §§ 5 Abs. 2 VwVfGBln, 13 Abs. 1 S. 1 i.V.m. 6 Abs. 2 BVwVG; §§ 40 Abs. 1 BremPolG, 17 Abs. 1 i.V.m. 11 Abs. 2 BremVwVG.

[38] Ebenso ausdrücklich *H. Engelhardt / M. App*, VwVG, VwZG, § 13 VwVG Anm. 1. (S. 95).

[39] Explizit § 6 Abs. 2 BVwVG; §§ 5 Abs. 2 VwVfGBln, 6 Abs. 2 BVwVG; §§ 40 Abs. 1 BremPolG, 11 Abs. 2 BremVwVG: „ohne vorausgehenden Grundverwaltungsakt".

nen"[40] läßt eine solche tatbestandliche Beschränkung der Verweisungsnorm nicht zu, sondern besagt, daß lediglich unter den *vollständigen* Voraussetzungen des sofortigen Vollzugs, also nur im Fall der Zwangsmittelanwendung durch Sofortmaßnahmen, das Erfordernis der Zwangsmittelandrohung entbehrlich ist. Folgt man dieser Auslegung, so bedarf es nur für die Sofortmaßnahmen keiner Zwangsmittelandrohung, während im mehraktigen Verfahren der erlassene Grundverwaltungsakt nicht nur vollstreckbar sein muß, sondern darüber hinaus die Zwangsmittel vor ihrer Anwendung stets angedroht werden müssen. Mit anderen Worten: Ein abgekürztes Verwaltungsvollstreckungsverfahren ist insoweit nicht vorgesehen. Demnach können die zur Gefahrenabwehr erforderlichen Maßnahmen nur entweder im gestreckten Vollstreckungsverfahren oder aber im Wege der Sofortmaßnahmen getroffen werden.

Die vollstreckungsrechtlichen Regelungswerke der zweiten und dritten Gruppe werfen immer dann besondere Probleme auf, wenn die Behörde eine Grundverfügung hat treffen können, sodann jedoch ein erhöhter Eilbedarf entsteht, so daß der Eintritt der Vollstreckbarkeit des Grundverwaltungsakts und / oder eine Androhung des Zwangsmittels mit Fristsetzung nicht abgewartet werden kann. In diesen Fällen müssen die Vorschriften über den sofortigen Vollzug weiterhelfen. Das heißt: Obgleich eine Grundverfügung ergangen ist, können Zwangsmittel nur im Wege der Sofortmaßnahmen eingesetzt werden, also nur in einem Verwaltungsvollstreckungsverfahren, das regelmäßig durch einen einaktigen, den Erlaß eines Grundverwaltungsakts gerade nicht voraussetzenden Vollstreckungsmodus gekennzeichnet ist. Hierauf ist nunmehr einzugehen.

II. Einaktiges Vollstreckungsverfahren und Sofortmaßnahmen

Die vorstehenden Ausführungen haben deutlich werden lassen, daß die Behörde im Regelfall dazu verpflichtet ist, dem Ordnungspflichtigen durch Grundverfügung das zur Gefahrenabwehr gebotene Verhalten aufzugeben. In den Fällen drohender Gefahr kann sich der Rechtsstaat allerdings dieses dem Schutz des Bürgers dienende Verfahren nicht immer leisten, sondern muß auch ohne den Umweg über einen Verwaltungsakt gegen den Bürger vorgehen und in dessen Rechtskreis eingreifen dürfen. So ist der Ordnungspflichtige oftmals weder anwesend noch erreichbar und aus diesem Grunde auch nicht rechtzeitig durch eine Verfügung zur Gefahrenabwehr heranziehbar. Doch selbst bei Anwesenheit des Pflichtigen erscheint eine Ordnungsverfügung

---

[40] § 13 Abs. 1 S. 1 BVwVG; §§ 5 Abs. 2 VwVfGBln, 13 Abs. 1 S. 1 BVwVG; §§ 40 Abs. 1 BremPolG, 17 Abs. 1 BremVwVG.

22   C. Typologie des Vollstreckungsverfahrens

nicht immer erfolgversprechend, wenn nämlich der Verantwortliche keine hinreichende Gewähr dafür bietet, den Gefahrenabwehrerfolg durch eigenes Zutun herbeizuführen. In diesen Fällen muß der Verwaltung ein „Notrecht"[41] zur Verfügung stehen, auch ohne vorausgehenden Grundverwaltungsakt gegen den betreffenden Bürger vorzugehen und gegebenenfalls Zwangsmittel anzuwenden. Man spricht insoweit von einem einaktigen Verfahren, weil es im Gegensatz zum mehraktigen Verfahren keines Grundverwaltungsakts zur Anwendung von Zwangsmitteln bedarf[42].

Die Regelungen zu diesem einaktigen Vollstreckungsverfahren sind uneinheitlich und differenziert. Als übergreifende Kategorie empfiehlt sich der Begriff der Sofortmaßnahmen[43]. Im Bereiche des Bundesrechts firmieren die Sofortmaßnahmen teilweise unter dem Begriff „sofortiger Vollzug"[44], teilweise unter der Bezeichnung „unmittelbare Ausführung"[45]. Einige Länder regeln beide Institute[46], während andere entweder nur den sofortigen Vollzug[47] oder ausschließlich die unmittelbare Ausführung[48] kennen. Der Begriff des sofortigen Vollzugs als Sofortmaßnahme darf nicht mit dem der sofortigen Vollziehung im Sinne des § 80 Abs. 2 Nr. 4 in Verbindung mit § 80 Abs. 3 VwGO verwechselt werden[49]. Ob und anhand welcher Kriterien beide Erscheinungsformen der Sofortmaßnahmen, also sofortiger Vollzug und unmittelbare Ausführung, abgegrenzt werden können, wird erst später ausführlich behandelt[50].

---

[41] So die Bezeichnung von *R. Pietzner*, VerwArchiv Bd. 82 [1991], 291 (292).

[42] Vgl. hierzu statt vieler *R. Pietzner*, VerwArchiv Bd. 82 [1991], 291 ff.; *A. Schmitt-Kammler*, NWVBL 1989, 389 ff.; *Th. Würtenberger / D. Heckmann / R. Riggert*, Polizeirecht in Baden-Württemberg, Rdnrn. 505 ff.

[43] *A. Schmitt-Kammler*, NWVBL 1989, 389: „Sofortbefugnisse".

[44] Vgl. etwa § 6 Abs. 2 BVwVG.

[45] Vgl. etwa § 19 Abs. 1 BGSG.

[46] Vgl. Art. 9 Abs. 1, 53 Abs. 2 PAGBay; § 15 Abs. 1 ASOG Bln, §§ 5 Abs. 2 VwVGBln, 6 Abs. 2 BVwVG; §§ 8 Abs. 1, 53 Abs. 2 VGPolGBbg; §§ 8 Abs. 1, 47 Abs. 2 HSOG; §§ 6 Abs. 1 POGRh-Pf., 61 Abs. 2 VwVGRh-Pf; §§ 9 Abs. 1, 53 Abs. 2 SOGLSA; §§ 9 Abs. 1, 51 Abs. 2 PAGThür.

[47] Vgl. §§ 40 Abs. 1 BremPolG, 11 Abs. 2 BremVwVG; § 81 SOGMV; § 64 Abs. 2 NGefAG; § 50 Abs. 2 PolGNW; § 44 Abs. 2 SPolG; § 230 Abs. 1 LVwGSchl-H.

[48] § 8 Abs. 1 PolGBad-Württ; § 7 Abs. 1 HmbSOG; § 6 Abs. 1 SächsPolG.

[49] *M. App*, Verwaltungsvollstreckungsrecht, Rdnr. 640; *E. Denninger*, in: H. Lisken / E. Denninger, Handbuch des Polizeirechts, E Rdnr. 137; *V. Götz*, Allgemeines Polizei- und Ordnungsrecht, Rdnr. 302; *R. Pietzner*, VerwArchiv Bd. 84 [1993], 261 (263); *W.-R. Schenke*, in: U. Steiner (Hrsg.), Besonderes Verwaltungsrecht, Rdnr. 305; *P. J. Tettinger*, Besonderes Verwaltungsrecht, Rdnr. 305; *F. Wind*, VR 1988, 133 (137 Fn. 41); siehe auch *H. Engelhardt / M. App*, VwVG, VwZG, § 6 VwVG Anm. II. 2. (S. 53).

[50] Vgl. hierzu unten unter E. I., S. 48 ff.

II. Einaktiges Vollstreckungsverfahren und Sofortmaßnahmen

An dieser Stelle geht es lediglich um die Grobstrukturen der Sofortmaßnahmen. Deshalb soll hier die Feststellung ausreichen, daß der sofortige Vollzug und die unmittelbare Ausführung darin übereinstimmen, daß ohne einen entsprechenden Grundverwaltungsakt sowie ohne Androhung und Festsetzung das einzelne Zwangsmittel angewendet werden darf. Das bedeutet freilich nicht, daß die Sofortmaßnahmen in jedem Fall der zwangsweisen Durchsetzung ordnungsrechtlicher Pflichten dienen und damit uneingeschränkt dem Bereich des Verwaltungsvollstreckungsrechts zuzuordnen sind. Vielmehr ist eine differenzierende, auf den konkreten Anwendungsfall der Sofortmaßnahmen bezogene Beurteilung und Einordnung erforderlich, die - und dies sei im Vorgriff auf die erst später folgenden Ausführungen bereits hier erwähnt - den sofortigen Vollzug und die unmittelbare Ausführung teilweise als Bestandteil des Verwaltungsvollstreckungsrechts und teilweise als spezielle, gesetzlich geregelte Form der öffentlich-rechtlichen Geschäftsführung ohne Auftrag erscheinen lassen[51].

Wendet man sich der Frage zu, nach welchen Kriterien die Sofortmaßnahmen von dem mehraktigen Verwaltungsvollstreckungsverfahren abzugrenzen sind, so scheint prima facie in dem Erlaß eines entsprechenden Grundverwaltungsakts das entscheidende Differenzierungskriterium gefunden zu sein: Ergeht eine Grundverfügung, ist allein eine zwangsweise Durchsetzung des behördlich angeordneten Verhaltens im mehraktigen Verfahren möglich; fehlt es hingegen an einem solchen Grundverwaltungsakt, kommt allein eine Sofortmaßnahme in Betracht. Zutreffend hieran ist, daß die Verwaltungsvollstreckung im mehraktigen Verfahren stets den Erlaß einer Grundverfügung voraussetzt, die sodann unter Beachtung entsprechender Vollstreckungsregeln vollzogen wird. Nur in umgekehrter Richtung läßt sich nicht die Schlußfolgerung ableiten, die Vorschriften über die Sofortmaßnahmen seien ausschließlich bei Fehlen einer Grundverfügung anwendbar. Dies ist freilich der Regelfall. Gleichwohl muß in bestimmten Ausnahmefällen auf die Bestimmungen über die Sofortmaßnahmen - wenngleich in analoger Anwendung - zurückgegriffen werden, selbst wenn dem Verwaltungszwang ein Grundverwaltungsakt vorausgeht. Dies soll im folgenden dargelegt und begründet werden.

Wie bereits oben erwähnt[52], ist das abgekürzte Verwaltungsvollstreckungsverfahren in der Bundesrepublik unterschiedlich ausgestaltet. Die Regelungsmodelle reichen von detaillierten Bestimmungen, die sowohl das Erfordernis der Vollstreckbarkeit des Grundverwaltungsakts als auch die besonderen Voll-

---

[51] Vgl. hierzu ausführlich unten unter E. II., S. 58 ff.
[52] Vgl. im einzelnen bereits oben unter C. I. 4. bei und nach Fn. 35 (S. 20).

streckungsvoraussetzungen erfassen (erste Gruppe[53]), über Regelungen, welche ausschließlich die besonderen Vollstreckungsvoraussetzungen betreffen (zweite Gruppe[54]), bis hin zu einem gänzlichen Verzicht auf eine Regelung des abgekürzten Verfahrens (dritte Gruppe[55]). In den Fällen der zweiten und dritten Gruppe ergeben sich vollstreckungsrechtliche Probleme dann und insoweit, als die Behörde einen Grundverwaltungsakt zwar hat erlassen können, aber danach Umstände eintreten, die ein Abwarten auf den Eintritt seiner Unanfechtbarkeit und / oder die Androhung des Zwangsmittels unmöglich machen. Die besondere Problematik beruht darauf, daß entweder die Vorschriften des abgekürzten Verfahrens mangels Regelung der Entbehrlichkeit der Vollstreckbarkeit des Grundverwaltungsakts diese Fälle teilweise nicht erfassen (so bei der zweiten Gruppe) oder aber ein abgekürztes Verfahren von vornherein nicht bereitgestellt wird (so bei der dritten Gruppe). Und auch die Bestimmungen über die Sofortmaßnahmen finden insoweit jedenfalls keine direkte Anwendung, weil sie nur die Fälle der Anwendung von Verwaltungszwang ohne vorausgehenden Verwaltungsakt umschließen, nicht aber diejenigen, in denen ein Verwaltungsakt zwar ergangen ist, dieser aber aus Eilgründen nicht im langwierigen gestreckten Vollstreckungsverfahren vollzogen werden kann. Doch bedeutet dies freilich nicht, daß eine zwangsweise Durchsetzung der entsprechenden Grundverfügung unmöglich ist. Einig ist man sich, daß in derartigen Fällen die Vorschriften über die Sofortmaßnahmen entsprechend anwendbar sind[56]. Die Regelungslücke im Vollstreckungsrecht des Bundes und der meisten Länder wird insoweit im Wege eines Erst-recht-Schlusses[57] ausgefüllt:

---

[53] § 21 VwVGBad-Württ; § 27 HmbVwVG; § 72 VwVGHess; §§ 80 Abs. 2, 87 Abs. 1 S. 2 SOGMV; §§ 229 Abs. 2, 236 Abs. 1 S. 2, 2. Alt. LVwGSchl-H; § 54 VwZVGThür.

[54] Siehe Art. 59 Abs. 1 S. 3 PAGBay, Art. 35 VwZVGBay; §§ 58 Abs. 1 S. 3 VG-PolGBbg, 23 Abs. 1 VwVGBbg; §§ 56 Abs. 1 S. 3, 61 Abs. 1 S. 2 PolGNW, 63 Abs. 2 VwVGNW; §§ 70, Abs. 1 S. 2, 74 Abs. 1 S. 2 NGefAG; §§ 50 Abs. 1 S. 3, 54 Abs. 1 S. 2 SPolG, 19 Abs. 1 S. 1 SVwVG; §§ 59 Abs. 1 S. 3, 63 Abs. 1 S. 2 SOGLSA; §§ 32 Abs. 2 S. 2 SächsPolG, 21 SächsVwVG; §§ 56 Abs. 1 S. 3 POGRh-Pf, 66 Abs. 1 S. 1 VwVGRh-Pf.

[55] Vgl. §§ 13 Abs. 1 S. 1 i.V.m. 6 Abs. 2 BVwVG; §§ 5 Abs. 2 VwVfGBln, 13 Abs. 1 S. 1 i.V.m. 6 Abs. 2 BVwVG; §§ 40 Abs. 1 BremPolG, 17 Abs. 1 i.V.m. 11 Abs. 2 BremVwVG.

[56] Vgl. statt vieler *M. App*, Verwaltungsvollstreckungsrecht, Rdnr. 644; *H. Engelhardt / M. App*, VwVG, VwZG, § 6 VwVG Anm. IV (S. 61); *K. Grünning / M. Möller*, VR 1984, 156 (158 f.); *K. Habermehl*, Polizei- und Ordnungsrecht, Rdnr. 749; *G. Sadler*, VwVG, § 6 Rdnrn. 126 ff.; *A. Schmitt-Kammler*, NWVBL 1989, 389 (396); *J. Vahle*, Vollstreckung und Rechtsschutz im Verwaltungsrecht, Rdnrn. 51 f.; siehe auch *Ch. Gusy*, JA 1990, 296 (297).

[57] Zum Erst-recht-Schluß als Methode zur Ausfüllung von Gesetzeslücken *K. Larenz*, Methodenlehre der Rechtswissenschaft, S. 389 f.

II. Einaktiges Vollstreckungsverfahren und Sofortmaßnahmen

Wenn bei Vorliegen der besonderen Eilvoraussetzungen der Bestimmungen über die Sofortmaßnahmen sogar ohne Grundverfügung unter Rückgriff auf die Zwangsmittelvorschriften gehandelt werden kann, dann muß *nach* Ergehen einer Grundverfügung bei Eintritt dieser Voraussetzungen ein Einsatz der Zwangsmittel erst recht möglich sein. Anders gewendet: Wenn die Behörde sogar ganz auf den vorausgehenden Verwaltungsakt hätte verzichten können, muß die Anwendung des Zwangsmittels nach Erlaß einer Grundverfügung erst recht zulässig sein[58].

Erscheint indes diese Beweisführung auf den ersten Blick von bestechender Überzeugungskraft zu sein, so könnten beim näheren Hinsehen gegen einen solchen Erst-recht-Schluß gleichwohl gewisse methodologische Bedenken geltend gemacht werden. Der mögliche Einwand könnte sich darauf beziehen, daß man im Wege des Erst-recht-Schlusses das Erfordernis der Vollstreckbarkeit der Grundverfügung überwindet und zu den Sofortmaßnahmen übergeht, obwohl auch innerhalb des mehraktigen Verfahrens Instrumente zur Verfügung stehen, welche eine entsprechende Beschleunigung des Verfahrens erwarten lassen. Der Behörde bleibt es in derartigen Eilfällen nämlich unbenommen, die sofortige Vollziehung (§ 80 Abs. 2 Nr. 4 in Verbindung mit § 80 Abs. 3 VwGO) anzuordnen, um auf diese Weise die erlassene Grundverfügung vollstreckbar zu machen. Deshalb muß man die Frage aufwerfen, ob die jeweiligen vollstreckungsrechtlichen Regelungsmodelle überhaupt eine „planwidrige Unvollständigkeit" aufweisen, welche als solche Voraussetzung für die Zulässigkeit eines Erst-recht-Schlusses ist[59]. Beim mehraktigen und einaktigen Verfahren könnte es sich insoweit um abschließende, dem Erst-recht-Schluß nicht zugängliche Regelungen handeln, mit der Folge, daß die Behörde, sofern sie einen Grundverwaltungsakt erlassen hat, das Erfordernis seiner Vollstreckbarkeit nicht durch Übergang zu den Sofortmaßnahmen durchkreuzen darf, sondern insoweit auf die Anordnung der sofortigen Vollziehung verwiesen ist. Hiergegen ließe sich auch nicht anführen, daß in derartigen Eilfällen die nach § 80 Abs. 3 VwGO erforderliche schriftliche Begründung für das besondere öffentliche Interesse an der sofortigen Vollziehung praktisch kaum möglich wäre. Denn in entsprechenden Eilkonstellationen kann von dem Erfordernis einer besonderen Begründung der Vollziehungsanordnung gemäß § 80 Abs. 3 S. 2 VwGO abgesehen werden. Gleichwohl wird man die Behörde in Eilfällen nicht auf das Instrument der Anordnung der sofortigen Vollziehung verweisen dürfen. Denn oftmals bleibt der Behörde nicht einmal genügend Zeit, die Verfügung für sofort vollziehbar zu erklären und damit voll-

---

[58] *K. Habermehl*, Polizei- und Ordnungsrecht, Rdnr. 749; *A. Schmitt-Kammler*, NWVBL 1989, 389 (396).

[59] Vgl. zu dieser Voraussetzung *K. Larenz*, Methodenlehre der Rechtswissenschaft, S. 390.

streckungsfähig zu machen. Vor allem aber ist der betroffene Bürger häufig gar nicht anwesend oder erreichbar, so daß eine Vollziehungsanordnung schon unter diesem Gesichtspunkt ausscheiden müßte. Hinzu kommt, daß es der Behörde nach dem Erlaß einer Grundverfügung unbenommen bliebe, diese nach den Grundsätzen über die Aufhebung von Verwaltungsakten aus der Welt zu schaffen und sodann im einaktigen Verwaltungsvollstreckungsverfahren gegen den Pflichtigen vorzugehen. Deshalb wird man es der Behörde im Ergebnis nicht verwehren können, auch nach Erlaß einer entsprechenden Grundverfügung bei Vorliegen der Voraussetzungen der Vorschriften über die Sofortmaßnahmen das jeweilige Zwangsmittel anzuwenden.

Sofern also das abgekürzte Verfahren nicht vollständig (zweite Gruppe) oder überhaupt nicht (dritte Gruppe)[60] geregelt ist, können durch einen Rückgriff auf die Vorschriften über die Sofortmaßnahmen sowohl das Erfordernis der Vollstreckbarkeit des Grundverwaltungsakts als auch die besonderen Vollstreckungsvoraussetzungen überwunden werden. Obgleich ein Grundverwaltungsakt ergangen ist, ist in diesen Fällen das mehraktige Verfahren unanwendbar, so daß sich die Vollstreckung allein nach den Vorschriften über die Sofortmaßnahmen bemißt. Sofortmaßnahmen und einaktiges Verfahren sind demnach keine Synonyme. Vielmehr erfaßt das einaktige Verfahren lediglich den Regelfall der Sofortmaßnahmen, während die Sofortmaßnahmen hierüber hinausgehen und zusätzlich die Fälle betreffen, in denen kein oder kein adäquat ausgestaltetes abgekürztes Verfahren zur Verfügung steht, gleichwohl aber eine sofortige Vollstreckung der ergangenen Grundverfügung angezeigt erscheint. Mit anderen Worten: Das einaktige Vollstreckungsverfahren umschließt lediglich einen Teilbereich der breiteren Anwendungsfelder der Sofortmaßnahmen.

III. Polizeiliche Standardmaßnahmen

Für einige typische, ständig wiederkehrende Maßnahmen, die teilweise zu erheblichen Grundrechtseingriffen führen, stellt das Polizei- und Ordnungsrecht spezielle, auf die konkrete Gefahrensituation bezogene Eingriffsermächtigungen zur Verfügung. Aus Spezialitätsgründen folgt, daß diese Spezialermächtigungen für Standardmaßnahmen im Rahmen ihres thematischen Regelungsbereichs einen Rückgriff auf die polizeiliche Generalklausel ausschließen, und zwar auch und gerade dann, wenn im konkreten Fall die Voraussetzungen für ein Einschreiten nach Maßgabe der Regeln über die Standardmaß-

---

[60] Vgl. nochmals oben unter C. I. 4. nach Fn. 35 (S. 20).

nahme nicht erfüllt sind[61]. Konkurrenzprobleme ergeben sich aber nicht nur in der Beziehung zwischen den Standardmaßnahmebefugnissen und der allgemeinen Generalklausel, sondern treten zusätzlich auch insoweit auf, als es um das Verhältnis der Regelungen über die Standardmaßnahmen zum allgemeinen Vollstreckungsrecht geht. Einige Standardmaßnahmen weisen eigene vollstreckungsrechtliche Elemente auf, welche die Durchsetzung der zur Gefahrenabwehr erforderlichen Maßnahmen abschließend regeln, so daß sich ein Rückgriff auf das allgemeine mehr- oder einaktige allgemeine Vollstreckungsverfahren erübrigt; teilweise sind aber auch nur einzelne Elemente des Vollstreckungsrechts Gegenstand der jeweiligen Regelungen, mit der Folge, daß insoweit ergänzend auf das allgemeine Vollstreckungsrecht zurückgegriffen werden kann und muß.

Für die Abgrenzung der Standardmaßnahmen zum allgemeinen Vollstreckungsrecht kommt es also maßgeblich darauf an, ob und inwieweit die Bestimmungen über die Standardmaßnahmen einen vollstreckungsrechtlichen Gehalt aufweisen. Deshalb sind die Standardmaßnahmen darauf zu überprüfen, ob ihr Regelungsgehalt durch vollstreckungsrechtliche Elemente angereichert ist, in deren Rahmen das allgemeine Vollstreckungsrecht durch die Standardmaßnahmebefugnisse verdrängt oder modifiziert wird. Derartige, das allgemeine Vollstreckungsrecht verdrängende oder modifizierende vollstreckungsrechtliche Funktionen können den Standardmaßnahmebefugnissen in mehrfacher Hinsicht anhaften. Solche vollstreckungsrechtlichen Funktionen können sich beziehen auf:

- das Verwaltungsvollstreckungs*verfahren*;

- die Wahl des Zwangs*mittels* bei der Ausübung von Verwaltungszwang;

- die Festlegung der Modalitäten, also der Art und Weise der Anwendung der Zwangsmittel.

Explizit werden in den Regelungen über die Standardmaßnahmen regelmäßig keine vollstreckungsrechtlichen Aussagen getroffen. Eine Ausnahme hiervon macht allein die Regelung über die zwangsweise Durchsetzung der Vorladung, also die Vorführung. Danach darf die Vorladung nur unter bestimmten, gesetzlich näher umschriebenen Voraussetzungen „zwangsweise durchgesetzt

---

[61] Stellvertretend für alle *W. Martens*, in: K. Vogel / W. Martens, Gefahrenabwehr, S. 183; *K. Habermehl*, Polizei- und Ordnungsrecht, Rdnr. 525; *F. Schoch*, JuS 1994, 479 (483); *Th. Würtenberger / D. Heckmann / R. Riggert*, Polizeirecht in Baden-Württemberg, Rdnr. 201.

werden"[62]; diese Bestimmung tritt demnach neben die allgemeinen vollstreckungsrechtlichen Vorschriften und modifiziert auf diese Weise ausdrücklich die allgemeinen Voraussetzungen für die Anwendung von Verwaltungszwang[63]. In aller Regel enthalten die Standardmaßnahmen hingegen keine derartigen ausdrücklichen vollstreckungsrechtlichen Regelungen. Vielmehr treffen sie im allgemeinen lediglich stillschweigend vollstreckungsrechtliche Anordnungen. Um ihre implizit geregelte vollstreckungsrechtliche Funktion sichtbar werden zu lassen, bedarf es einer auf die einzelne Standardmaßnahme bezogenen Detailanalyse. Auf eine solche Detailanalyse, welche jede einzelne Standardmaßnahme auf ihre vollstreckungsrechtlichen Elemente hin vollständig durchleuchtet, soll jedoch im gegebenen Zusammenhang verzichtet werden. Da es im vorliegenden Beitrag in erster Linie um die Strukturen des Verwaltungsvollstreckungsverfahrens geht, sollen im folgenden die Standardmaßnahmen zuvörderst daraufhin untersucht werden, ob sie selbst entsprechende verfahrensrechtliche Elemente enthalten oder aber ob insoweit auf das allgemeine Vollstreckungsrecht zurückgegriffen werden muß. Hierbei lassen sich die Vorschriften über die Standardmaßnahmen insgesamt in zwei Regelungsgruppen einteilen: Standardmaßnahmen ohne und Standardmaßnahmen mit eigenem Vollstreckungsverfahren. Diese beiden Regelungstypen mit ihren spezifischen Merkmalen sollen im folgenden dargestellt werden.

1. Standardmaßnahmen ohne eigenes Vollstreckungsverfahren

Das Anhalten, Befragen und Legitimationsverlangen bei der Identitätsfeststellung[64], die Vorladung[65] und der Platzverweis[66] sind Standardmaßnahmen, die über die Regelung des auf die konkrete Gefahrensituation bezogenen, bereichsspezifischen Gefahrentatbestandes hinaus keinerlei eigene Vollstreckungselemente aufweisen. Diese Bestimmungen regeln lediglich die Voraussetzungen, unter denen die Polizei die zur Abwehr von bestimmten Gefahren erforderlichen Maßnahmen treffen darf; sie ermächtigen die Polizei nur zum Erlaß entsprechender zur Gefahrenabwehr gebotener Ordnungsverfügungen[67]. Demgegenüber regeln sie selbst nicht die Frage, auf welche Art und Weise

---

[62] Vgl. § 11 Abs. 3 MEPolG sowie die entsprechenden (landes-) rechtlichen Bestimmungen.

[63] Zu dieser das allgemeine Vollstreckungsrecht modifizierenden Funktion der Standardmaßnahme Vorführung vgl. statt aller *K. Habermehl*, Polizei- und Ordnungsrecht, Rdnr. 573; *F.-L. Knemeyer*, Polizei- und Ordnungsrecht, Rdnr. 137.

[64] Vgl. § 9 Abs. 2 S. 1 und 2 MEPolG.

[65] Vgl. § 11 Abs. 1 und 2 MEPolG.

[66] Vgl. § 12 MEPolG.

[67] Vgl. *K. Habermehl*, Polizei- und Ordnungsrecht, Rdnr. 529.

entsprechende Verfügungen durchgesetzt werden können. Mit anderen Worten: Ihrer Rechtsnatur nach handelt es sich ausschließlich um Bestimmungen des materiellen Polizei- und Ordnungsrechts ohne jede formelle, das Vollstreckungsverfahren betreffende Funktion.

Für die Vollstreckung entsprechender Standardmaßnahmen aus der beschriebenen Regelungsgruppe muß daher auf das allgemeine Vollstreckungsrecht zurückgegriffen werden[68]. Diese Maßnahmen verdrängen zwar innerhalb ihres Anwendungsfeldes die allgemeine polizeiliche Generalklausel und gehen dieser unter Spezialitätsgesichtspunkten vor. Da sie aber selbst keine vollstreckungsverfahrensrechtlichen Aussagen treffen, gelangt insoweit das allgemeine Vollstreckungsrecht zur Anwendung. Entsprechende Verfügungen werden somit im allgemeinen Vollstreckungsverfahren, aus Eilgründen regelmäßig im abgekürzten mehraktigen Verfahren oder im Wege der Sofortmaßnahmen durchgesetzt[69], letzteres insbesondere insoweit, als im Vollstreckungsrecht kein oder kein hinreichend ausgestaltetes abgekürztes Verfahren zur Verfügung steht[70]. Mit Ausnahme der Vorladung, die durch das vollstreckungsrechtliche Institut der Vorführung durchgesetzt wird, welches die allgemeinen Vollstreckungsvoraussetzungen ergänzt und modifiziert[71], stellen die hier in Rede stehenden Standardmaßnahmen auch keine speziellen Anforderungen an die Auswahl der Zwangsmittel und an die allgemeinen Vollstreckungsvoraussetzungen.

2. Standardmaßnahmen mit eigenem Vollstreckungsverfahren

Neben den soeben dargestellten Maßnahmen gibt es auch Standardmaßnahmen, die mit der Zulassung einer bestimmten Maßnahme die Polizei- und Ordnungskräfte zugleich dazu legitimieren, diese auch selbst durchzuführen. Zu dieser Kategorie von Standardmaßnahmen gehören das Festhalten und Durchsuchen zwecks Identitätsfeststellung[72], die erkennungsdienstliche Behandlung[73], die Ingewahrsamnahme[74], die Durchsuchung von Personen[75] und

---

[68] K. Habermehl, Polizei- und Ordnungsrecht, Rdnr. 529.
[69] K. Habermehl, Polizei- und Ordnungsrecht, Rdnr. 529.
[70] Zu diesem Fall der Anwendbarkeit der Sofortmaßnahmen trotz Vorliegens eines Grundverwaltungsakts vgl. oben unter C. II. bei Fn. 52 (S. 23).
[71] Vgl. dazu bereits oben unter C. III. bei Fn. 62 (S. 28); siehe nochmals K. Habermehl, Polizei- und Ordnungsrecht, Rdnr. 573; F.-L. Knemeyer, Polizei- und Ordnungsrecht, Rdnr. 137.
[72] Vgl. § 9 Abs. 2 S. 3 und 4 MEPolG.
[73] Vgl. § 10 MEPolG.
[74] Vgl. § 13 MEPolG.
[75] Vgl. § 17 MEPolG.

Sachen[76], das Betreten und Durchsuchen von Wohnungen[77] sowie die Sicherstellung[78]. Diese Standardmaßnahmen regeln implizit die Anwendung von Verwaltungszwang. Die Ausübung von Verwaltungszwang liegt unmittelbar und begriffsnotwendig in der Maßnahme selbst. So setzt beispielsweise der Begriff des Festhaltens von Personen[79] die körperliche Einwirkung auf die betreffende Person und damit die Anwendung unmittelbaren Zwangs notwendig voraus. Kurzum: Die Anwendung von Zwang ist dieser Kategorie von Standardmaßnahmen immanent[80]. Derartige Standardmaßnahmen umfassen selbst die Befugnis zu ihrer tatsächlichen Durchführung und vermitteln daher der Behörde nicht nur die erforderliche Ermächtigungsgrundlage, die zur Gefahrenabwehr erforderlichen Maßnahmen zu treffen; darüber hinaus legitimieren sie die Behörde, diese Maßnahmen auch zugleich zu vollziehen. Sie haben also eine doppelte Funktion: Sie enthalten sowohl Bestandteile des materiellen Polizei- und Ordnungsrechts als auch des formellen Vollstreckungsrechts.

Soweit also die Polizei- und Ordnungskräfte bei solchen Standardmaßnahmen Zwang anwenden, um eine Maßnahme durchzuführen, beruht diese Befugnis in der Regelung über die entsprechende Standardmaßnahme selbst. Letztere ist *alleinige* Ermächtigungsgrundlage für die Vollstreckung. Ein Rückgriff auf das allgemeine Vollstreckungsrecht ist ausgeschlossen[81]. Durch die impliziten vollstreckungsrechtlichen Regelungen der Standardmaßnahmen werden das allgemeine Vollstreckungsrecht und dessen Voraussetzungen gleichsam „eingespart"[82]. Als Korrelat zu dieser Einsparung der auf Schonung individueller Freiheitsräume bedachten allgemeinen Vollstreckungsvoraussetzungen ergibt sich die an den Gesetzgeber gerichtete rechtsstaatliche Forderung, die Voraussetzungen dieser Standardmaßnahmebefugnisse entsprechend präzise zu umschreiben[83].

Diese das allgemeine Vollstreckungsrecht verdrängende Spezialitätsregel kommt unabhängig davon zum Tragen, ob man die Standardmaßnahmen als Verwaltungsakte oder lediglich als schlicht-hoheitliches Handeln qualifiziert.

---

[76] Vgl. § 18 MEPolG.

[77] Vgl. § 19 MEPolG.

[78] Vgl. § 21 MEPolG.

[79] Vgl. § 9 Abs. 2 S. 3 MEPolG.

[80] *K. Habermehl*, Polizei- und Ordnungsrecht, Rdnr. 513.

[81] *K. Habermehl*, Polizei- und Ordnungsrecht, Rdnrn. 513, 530; *A. Schmitt-Kammler*, NWVBl 1995, 166 (169); siehe auch in bezug auf die Sicherstellung *J. Schwabe*, NJW 1983, 369 (371), der die Sicherstellungsbestimmung im Verhältnis zum allgemeinen Vollstreckungsrecht mit Recht als „Spezialregelung" betrachtet.

[82] So die zutreffende Bezeichnung bei *K. Habermehl*, Polizei- und Ordnungsrecht, Rdnr. 523.

[83] *K. Habermehl*, Polizei- und Ordnungsrecht, Rdnr. 523.

III. Polizeiliche Standardmaßnahmen

Die herrschende Meinung erblickt in den Standardmaßnahmen, die gegenüber einem anwesenden Pflichtigen durchgesetzt werden, einen Verwaltungsakt in Form einer (konkludent) ergangenen Duldungsverfügung, während Maßnahmen in Abwesenheit des Pflichtigen mangels Bekanntgabe (§§ 41, 43 Abs. 1 VwVfG) als regelungsersetzende Realakte charakterisiert werden[84]. Diese Auffassung ist freilich nicht ohne Kritik geblieben[85]. Der Streit kann indes hier auf sich beruhen. Denn selbst wenn man mit der überwiegenden Lehrmeinung für die Konstruktion einer entsprechenden Duldungsverfügung plädierte, ergäbe sich die Vollstreckbarkeit dieser Verfügungen nicht aus den allgemeinen vollstreckungsrechtlichen Vorschriften über das mehraktige Verfahren oder über die Sofortmaßnahmen, sondern unmittelbar aus der Bestimmung über die entsprechende Standardmaßnahme[86]. Die jeweilige Standardmaßnahmebefugnisnorm impliziert bereits die zwangsweise Durchsetzung einer entsprechenden Duldungsverfügung, ohne daß es hierzu eines Rückgriffs auf das allgemeine Vollstreckungsrecht bedürfte[87]. Die Standardmaßnahmebefugnisnorm erfüllt insoweit eine doppelte Funktion. Zum einen vermittelt sie in ihrer polizei- und ordnungsrechtlichen Funktion die Ermächtigungsgrundlage für entsprechende Duldungsverfügungen und zum anderen legitimiert sie die Behörde kraft ihres vollstreckungsrechtlichen Gehalts zur zwangsweisen Durchsetzung dieser Verfügungen, und zwar unter Einsparung der allgemeinen vollstreckungsrechtlichen Anforderungen.

---

[84] Vgl. statt vieler *K. Habermehl*, Polizei- und Ordnungsrecht, Rdnrn. 527 f.; *Th. Würtenberger / D. Heckmann / R. Riggert*, Polizeirecht in Baden-Württemberg, Rdnrn. 206 f.; *W.-R. Schenke*, in: U. Steiner (Hrsg.), Besonderes Verwaltungsrecht, Rdnrn. 77 f.; *J. Schwabe*, NJW 1983, 369 (371); speziell zur Sicherstellung V. *Götz*, Allgemeines Polizei- und Ordnungsrecht, Rdnr. 393; *F.-L. Knemeyer*, Polizei- und Ordnungsrecht, Rdnr. 174; *J. Schwabe*, NJW 1983, 369 (370), der allerdings der entsprechenden Anordnung zugleich „feststellenden Charakter" entnimmt; hierzu kritisch *A. Schmitt-Kammler*, NWVBL 1995, 166 (Fn. 12).

[85] Für eine Qualifizierung der Standardmaßnahmen als Realakte plädieren etwa *W. Martens*, in: K. Vogel / W. Martens, Gefahrenabwehr, S. 217; zuletzt dezidiert *A. Schmitt-Kammler*, NWVBL 1995, 166 ff.

[86] Zumindest irreführend erscheint es daher, wenn *A. Schmitt-Kammler*, NWVBL 1995, 166 (166 f.) die Auffassung vertritt, daß die die Standardmaßnahmen - nach herrschender, von ihm abgelehnter Meinung - begleitenden Duldungsverfügungen im Wege des allgemeinen mehraktigen Vollstreckungsverfahrens durchgesetzt werden müßten; allerdings korrigiert er an anderer Stelle (S. 169) diesen Standpunkt und erblickt in den Standardmaßnahmebefugnissen zutreffend die Legitimationsgrundlage für die zwangsweise Durchsetzung entsprechender Verfügungen.

[87] Vgl. nochmals *K. Habermehl*, Polizei- und Ordnungsrecht, Rdnrn. 513, 530; *J. Schwabe*, NJW 1983, 369 (371).

Freilich vermögen die Regelungen über die Standardmaßnahmen die allgemeinen vollstreckungsrechtlichen Bestimmungen nicht schlechthin zu verdrängen. Vielmehr bedarf es in jedem Fall einer genauen Bestimmung von Tatbestand und Reichweite der Standardmaßnahmebefugnisse. Insbesondere scheiden die Regelungen über die Standardmaßnahmen als Ermächtigungsgrundlagen aus, sofern bei der Vorbereitung oder Durchführung der Standardmaßnahmen weitere Maßnahmen erforderlich sind, welche ihre Durchsetzung erst ermöglichen sollen. Soweit der Pflichtige etwa bei der Durchführung der betreffenden Standardmaßnahme durch die Polizei- und Ordnungskräfte aktiv Widerstand leistet, muß dieser Widerstand gebeugt werden, um die Abwicklung der Standardmaßnahme zu gewährleisten. In diesem Fall wird nicht etwa die Standardmaßnahme durchgesetzt, sondern eine eigens zu diesem Zweck ergangene Polizeiverfügung. Derartige sogenannte Begleitverfügungen sind nicht durch die spezialgesetzliche Regelung der Standardmaßnahme legitimiert, sondern beruhen in der Regel auf der polizeilichen Generalklausel und werden demnach nach Maßgabe allgemeiner vollstreckungsrechtlicher Regelungen, also im Wege des mehraktigen Verfahrens oder der Sofortmaßnahmen vollstreckt[88].

Bei repressiven (statt präventiven) Befugnissen der Polizei- und Ordnungsbehörden kommt der dargestellten Unterscheidung zwischen den Standardmaßnahmen einerseits, welche den Rückgriff auf das allgemeine Vollstreckungsrecht ausschließen, und den Begleitverfügungen andererseits, die nach den allgemeinen vollstreckungsrechtlichen Regeln vollstreckt werden, keine Bedeutung zu. Denn die Vorschriften der Strafprozeßordnung enthalten keine dem allgemeinen Verwaltungsvollstreckungsrecht entsprechenden Bestimmungen und differenzieren insbesondere nicht zwischen einem mehr- und einaktigen Vollstreckungsverfahren. Deshalb werden die Maßnahmebefugnisse der Strafprozeßordnung und des Ordnungswidrigkeitengesetzes im weiteren Sinne verstanden: Sie erstrecken sich auf sämtliche Handlungen, die zur Durchführung der betreffenden Maßnahme erforderlich sind, einschließlich derjenigen, die einen etwa entgegenstehenden Willen beugen sollen[89]. Allerdings enthält die Strafprozeßordnung - mit Ausnahme des § 119 Abs. 5 StPO - keine Regelung über die Art und Weise der Anwendung unmittelbaren Zwangs. Da es sich insoweit um eine unbeabsichtigte Regelungslücke handelt, darf diese Lücke, soweit im repressiven Bereich unmittelbarer Zwang ange-

---

[88] *K. Habermehl*, Polizei- und Ordnungsrecht, Rdnrn. 514, 530, mit mehreren Anwendungsbeispielen.
[89] Siehe *K. Habermehl*, Polizei- und Ordnungsrecht, Rdnr. 515; siehe auch *A. Schmitt-Kammler*, NWVBL 1995, 166 (169 Fn. 32).

wendet wird, durch ergänzende Heranziehung der einschlägigen polizeirechtlichen Bestimmungen über den unmittelbaren Zwang geschlossen werden[90].

---

[90] Zur Kodifizierung dieser Ergänzungsfunktion siehe nur § 8 Abs. 2 MEPolG, Art. 11 Abs. 3 PAGBay, § 11 Abs. 2 ASOGBln, § 8 Abs. 2 PolGNW; aus dem Schrifttum vgl. statt vieler V. *Götz*, Allgemeines Polizei- und Ordnungsrecht, Rdnr. 408; K. *Habermehl*, Polizei- und Ordnungsrecht, Rdnr. 516; F.-L. *Knemeyer*, Polizei- und Ordnungsrecht, S. 185; W. *Martens*, in: K. Vogel / W. Martens, Gefahrenabwehr, S. 140; W.-R. *Schenke*, in: U. Steiner (Hrsg.), Besonderes Verwaltungsrecht, Rdnr. 226.

D. Rechtmäßigkeit des Grundverwaltungsakts als Vollstreckungsvoraussetzung?

Nachdem die bisherigen Ausführungen der Darstellung der Strukturen des zweiaktigen Verwaltungsvollstreckungsverfahrens, des sofortigen Vollzugs und der Standardmaßnahmen galten, soll nunmehr der Blick auf einige besonders problematische Einzelfragen der beiden zuerst genannten Vollstreckungstypen geworfen werden. Zunächst soll die Frage geklärt werden, ob der zu vollstreckende Grundverwaltungsakt über seine Wirksamkeit hinaus auch rechtmäßig sein muß, damit er als Grundlage des Verwaltungszwangs in Betracht kommt. Die Frage ist also, ob es zu einem rechtmäßigen Verfahren auch der Rechtmäßigkeit der zu vollstreckenden Grundverfügung bedarf. Dies betrifft in erster Linie das mehraktige Verfahren, weil dieses Verfahren den Regeltypus für die Vollstreckung von Verwaltungsakten darstellt. Allerdings können, wie gezeigt[91], Verwaltungsakte ausnahmsweise auch nach den Vorschriften über die Sofortmaßnahmen vollstreckt werden, solange und soweit das Vollstreckungsrecht kein hinreichend ausgeformtes abgekürztes mehraktiges Vollstreckungsverfahren bereithält. Deshalb betrifft die hier aufgeworfene Frage nach der Rechtmäßigkeit des Grundverwaltungsakts als Voraussetzung für den Verwaltungszwang ebenfalls, wenngleich nur in bestimmten Ausnahmekonstellationen, die Sofortmaßnahmen.

I. Einwendungsausschluß und Einwendungshemmung durch Bestandskraft und Tatbestandswirkung des Grundverwaltungsakts

Unternimmt man nun den Versuch, die hier aufgeworfene Frage einer Lösung zuzuführen, so muß man zunächst die Eckpunkte der diesen Problemkreis prägenden Verfassungswerte umreißen, die miteinander kollidieren und die Substanz des verfassungsrechtlichen Spannungsverhältnisses ausmachen: das rechtsstaatliche Prinzip der Gesetzmäßigkeit der Verwaltung (Art. 20 Abs. 3 GG) einerseits und das ebenfalls im grundgesetzlichen Rechtsstaats-

---

[91] Vgl. hierzu oben unter C. II. bei Fn. 52 (S. 23).

I. Einwendungsausschluß und Einwendungshemmung

prinzip wurzelnde Prinzip der Rechtssicherheit andererseits[92]. Stellte man allein auf das Prinzip der Gesetzmäßigkeit der Verwaltung ab, so müßte man in der Tat die Rechtmäßigkeit der Grundverfügung zur Voraussetzung der Vollstreckung machen, zumal wenn man die Interessenlage des von dem Verwaltungszwang Betroffenen berücksichtigt und den ihn schützenden Aspekt der materiellen Gerechtigkeit zusätzlich in die Waagschale wirft[93]. Denn die Verwaltungsvollstreckung zielt auf die Einhaltung der Rechtsordnung, soll aber nicht den durch den Erlaß eines rechtswidrigen Verwaltungsakts vermittelten Schaden an der Rechtsordnung durch Vollstreckungsmaßnahmen weiter vertiefen[94]. Gleichwohl ist zu bedenken, daß oftmals nicht eindeutig feststeht und streitig ist, ob ein Verwaltungsakt rechtmäßig oder rechtswidrig ist. Insoweit steht die Rechtsordnung vor der Aufgabe, neben dem Prinzip der Gesetzmäßigkeit der Verwaltung und der materiellen Gerechtigkeit auch dem rechtsstaatlichen Prinzip der Rechtssicherheit zur Verwirklichung zu verhelfen[95]. Diesem rechtsstaatlichen Anliegen sucht (unter anderem) das Institut der formellen Bestandskraft zu entsprechen, wonach der Betroffene im Falle der Unanfechtbarkeit eines (Grund-) Verwaltungsakts grundsätzlich nicht mehr mit dem Einwand gehört wird, der zu vollstreckende Verwaltungsakt sei rechtswidrig. Deshalb muß es gleichsam reflexhaft Widerspruch hervorrufen, wollte man das rechtliche Schicksal der Verwaltungsvollstreckung in jedem Fall an die Rechtmäßigkeit der ihr zugrundeliegenden Grundverfügung knüpfen. Denn dann wäre es dem betroffenen Bürger freigestellt, gegen die entsprechende Grundverfügung zunächst nicht vorgehen und erst später durch Anfechtung der Vollstreckungsverwaltungsakte ihre inzidente Überprüfung herbeizuführen. Daß damit die Fristen für die Anfechtung von Verwaltungsakten (§§ 70, 74 VwGO) umgangen würden, liegt auf der Hand. Das im Interesse der Rechtssicherheit bestehende Institut der (formellen) Bestandskraft von Verwaltungsakten wäre außer Kraft gesetzt.

---

[92] Zu diesem (verfassungsrechtlichen) Spannungsverhältnis *D. Heckmann*, VBlBW 1993, 41 (43); *G. Schwerdtfeger*, Öffentliches Recht in der Fallbearbeitung, Rdnr. 133; *Th. Würtenberger / D. Heckmann / R. Riggert*, Polizeirecht in Baden-Württemberg, Rdnr. 474.

[93] So apodiktisch OVG Hamburg, NVwZ-RR 1993, 602 (603: „Ist der Grundbescheid auf eine rechtlich unmögliche Handlung gerichtet und deshalb aufzuheben, schlägt dieser Rechtsfehler auf die Festsetzung der Ersatzvornahme durch.").

[94] Vgl. *D. Heckmann*, VBlBW 1993, 41 (43); *Th. Würtenberger / D. Heckmann / R. Riggert*, Polizeirecht in Baden-Württemberg, Rdnr. 474.

[95] Vgl. *D. Heckmann*, VBlBW 1993, 41 (43); *G. Schwerdtfeger*, Öffentliches Recht in der Fallbearbeitung, Rdnr. 133; *Th. Würtenberger / D. Heckmann / R. Riggert*, Polizeirecht in Baden-Württemberg, Rdnr. 474.

Vor diesem Hintergrund scheint sich ein Königsweg zwischen den konfligierenden Interessen der Gesetzmäßigkeit der Verwaltung einerseits und der Rechtssicherheit andererseits geradezu aufzudrängen, der den Aspekt der Anfechtbarkeit des der Verwaltungsvollstreckung zugrundeliegenden Grundverwaltungsakts zum Ausgangs- und Bezugspunkt der Überlegungen avancieren läßt und die Verwaltungsvollstreckung nur im Rahmen rechtlich noch zulässiger Anfechtbarkeit unter den Vorbehalt der Rechtmäßigkeit des Grundverwaltungsakts stellt. In der Tat wird dieses differenzierende Lösungsmodell von einem großen Teil des Schrifttums favorisiert: Sofern die (nicht nichtige) Grundverfügung unanfechtbar geworden ist, soll es für die Rechtmäßigkeit der Vollstreckungsmaßnahmen nicht mehr darauf ankommen, ob sie selbst rechtmäßig oder rechtswidrig und damit aufhebbar war. Mit der Unanfechtbarkeit erlange der Grundverwaltungsakt (formelle) Bestandskraft, so daß seine Rechtswidrigkeit (auch) nicht mehr durch Rechtsbehelfe gegen die Vollstreckung geltend gemacht werden könne. Sei die Unanfechtbarkeit hingegen noch nicht eingetreten oder habe sich die Grundverfügung schon vor diesem Zeitpunkt erledigt, so daß sie gar nicht mehr unanfechtbar habe werden können, bestehe zwischen Grundverwaltungsakt und Vollstreckungsmaßnahme ein „Rechtmäßigkeitszusammenhang", so daß die Rechtmäßigkeit der Grundverfügung unabdingbare Voraussetzung für ihre Vollstreckung sei[96].

Scheint dieses Lösungsmodell wegen seiner auf Schonung und sachgerechten Ausgleich der kollidierenden Güter bedachten Zielsetzung prima facie Zuspruch zu verdienen, so vermag es gleichwohl einer tiefergreifenden kritischen Überprüfung nicht standzuhalten. Es reduziert die im Interesse der Rechtssicherheit bestehenden Sicherungsinstrumente auf das Institut der formellen Bestandskraft und blendet die anderen zu diesem Zweck bestehenden Sicherungsinstitute aus. In schlichter, aber pointierter Formulierung: Es ist mit dem geltenden Verwaltungsverfahrensrecht unvereinbar. Die formelle Bestands-

---

[96] So *D. Ehlers*, JuS 1983, 869 (872); *H. Engelhardt / M. App*, VwVG, VwZG, § 18 VwVG Anm. II. 2. b) (S. 125); V. *Götz*, Allgemeines Polizei- und Ordnungsrecht, Rdnr. 298; *K. Habermehl*, Polizei- und Ordnungsrecht, Rdnrn. 762 f.; *D. Heckmann*, VBlBW 1993, 41 (43 f.); *N. Kämper*, VR 1988, 287 (289); *A. Schmitt-Kammler*, NWVBL 1990, 30; *Th. Würtenberger / D. Heckmann / R. Riggert*, Polizeirecht in Baden-Württemberg, Rdnrn. 474 f.; ähnlich *F.-L. Knemeyer*, Polizei- und Ordnungsrecht, Rdnr. 279, der zwar insoweit nicht auf den Aspekt der formellen Bestandskraft der Grundverfügung abstellt, sondern zwischen Verfügungen der Polizei- und Ordnungsbehörden differenziert, in der Sache aber regelmäßig zu demselben Ergebnis gelangt; denn anders als im Ordnungsrecht, „wo Primärmaßnahme und Vollstreckung regelmäßig zeitlich auseinanderfallen und erstere bestandskräftig werden kann", stellten sich im Polizeirecht Grundverwaltungsakt und dessen Vollstreckung als eine „Einheit" dar, so daß nach dem „Grundsatz der Konnexität" die Anwendung von Verwaltungszwang die Rechtmäßigkeit der Grundverfügung voraussetze.

kraft, d.h. die Unanfechtbarkeit von Verwaltungsakten, ist nur ein Aspekt des Instituts der Bestandskraft von Verwaltungsakten. Seine andere Seite besagt, daß ein nicht nichtiger Verwaltungsakt Wirksamkeit entfaltet, solange und soweit er nicht aufgehoben oder durch Zeitablauf oder auf andere Weise erledigt ist (§ 43 Abs. 2 und 3 VwVfG). Der Verwaltungsakt ist verbindlich und bindet sowohl den betroffenen Bürger als auch die ihn erlassende Behörde. Das geltende Verwaltungsverfahrensrecht geht also von der *materiellen* Bestandskraft[97] und der ihr eigenen Bindungswirkung der nicht nichtigen Verwaltungsakte aus. Die Rechtswidrigkeit eines Verwaltungsakts macht diesen damit zwar anfechtbar, aber nicht unwirksam. Kurz gesagt: Das geltende Verwaltungsverfahrensrecht versucht den Konflikt zwischen den rechtsstaatlichen Prinzipien der Gesetzmäßigkeit der Verwaltung einerseits und der Rechtssicherheit andererseits in der Art und Weise zu lösen, daß es von der Wirksamkeit und Bindungswirkung nicht nichtiger Verwaltungsakte ausgeht und diese materielle Bestandskraft unter den Vorbehalt ihrer behördlichen oder gerichtlichen Aufhebung stellt, und zwar unabhängig von der Rechtmäßigkeit oder Rechtswidrigkeit des Verwaltungsakts, solange und soweit nicht die Grenzen zu seiner Nichtigkeit (vgl. § 44 VwVfG) überschritten sind.

Über die (formelle und materielle) Bestandskraft hinaus, die sich ausschließlich auf das durch den Verwaltungsakt begründete Verwaltungsrechtsverhältnis erstreckt und insofern die daran beteiligten Rechtssubjekte bindet, entfaltet ein rechtswirksamer Verwaltungsakt zusätzlich Tatbestandswirkung, verpflichtet also sämtliche Staatsorgane, die dadurch getroffene Regelung zu beachten und ihren Entscheidungen zugrunde zu legen[98]. Dieser Tatbestandswirkung kommt im Verwaltungsvollstreckungsrecht maßgebliche Bedeutung zu, weil die Vollstreckung entsprechender Grundverfügungen meist in die Hände einer von der Anordnungsbehörde zu trennenden Vollstreckungsbehörde gelegt wird[99].

Auch unter Zugrundelegung der vorgenannten Grundsätze erweist sich indes die Frage, ob die Rechtmäßigkeit der Grundverfügung Voraussetzung für die Verwaltungsvollstreckung ist, so gestellt als zu kurzgreifend und damit irreführend. Denn nach dem rechtsstaatlichen Postulat der Gesetzmäßigkeit der Verwaltung ist es der Behörde im Grunde genommen verwehrt, einen rechtswidrigen Verwaltungsakt zu vollstrecken und damit den rechtswidrigen Zustand weiter zu vertiefen. Allerdings wird dieser Grundsatz im Interesse der

---

[97] Zur (im einzelnen uneinheitlichen) Begrifflichkeit vgl. *H. Maurer*, Allgemeines Verwaltungsrecht, § 11 Rdnrn. 5 ff.

[98] Zur Tatbestandswirkung von Verwaltungsakten *H. Maurer*, Allgemeines Verwaltungsrecht, § 11 Rdnr. 8.

[99] Vgl. *W.-R. Schenke / P. Baumeister*, NVwZ 1993, 1 (2, Fn. 10).

ebenfalls rechtsstaatlich fundierten Rechtssicherheit durch das Institut der Bestandskraft und der Tatbestandswirkung modifiziert, und zwar in der Weise, daß ein wirksamer Verwaltungsakt ohne Rücksicht auf seine Rechtmäßigkeit die Verhaltenspflichten des Bürgers zu konkretisieren imstande ist. Das bedeutet: Die Rechtmäßigkeit der entsprechenden Grundverfügung ist uneingeschränkt Rechtmäßigkeitsvoraussetzung für die Verwaltungsvollstreckung; allerdings ist der Einwand von Rechtsfehlern des Grundverwaltungsakts abgeschnitten, solange und soweit der Verwaltungsakt Wirksamkeit entfaltet, er also weder nichtig noch behördlich oder gerichtlich aufgehoben oder auf andere Weise erledigt ist.

Dieser lediglich die Grobstrukturen des Vollstreckungsrechts skizzierende Leitgedanke soll im folgenden näher ausgeleuchtet und konturiert werden. Aufgrund der (materiellen) Bestandskraft von Verwaltungsakten sind etwaige Rechtsfehler der Grundverfügung für die Rechtmäßigkeit der Vollstreckungsmaßnahmen unbeachtlich, und zwar unabhängig davon, ob der entsprechende Verwaltungsakt vor dem Eintritt seiner Unanfechtbarkeit, d.h. seiner formellen Bestandskraft, vollstreckt wird; insoweit ist allein ein wirksamer Verwaltungsakt erforderlich[100]. Eine etwaige Rechtswidrigkeit der Grundverfügung kann demnach im Rahmen der Anfechtung von Vollstreckungsakten nicht gerügt werden, solange und soweit die Grundverfügung rechtswirksam ist. Die materielle Bestandskraft und die Tatbestandswirkung des Grundverwaltungsakts schließen eine solche Inzidentprüfung aus. Deshalb muß der betroffene Bürger zunächst die Grundlage für die Verwaltungsvollstreckung beseitigen, d.h. den Grundverwaltungsakt aufheben oder zumindest den Suspensiveffekt anordnen beziehungsweise wiederherstellen lassen, um gegen Vollstreckungsmaßnahmen mit Erfolg vorgehen zu können. Hat der Bürger innerhalb der hierfür gesetzten Fristen den Grundverwaltungsakt nicht angefochten und diesen damit formell bestandskräftig werden lassen, ist ihm auch bei einer Anfechtung der Vollstreckungsakte der Einwand der Rechtswidrigkeit der Grundverfügung *endgültig* abgeschnitten[101]. Sofern hingegen ein Grundverwaltungsakt in den Fällen des § 80 Abs. 2 VwGO, also vor dem Eintritt der formellen

---

[100] So auch *M. App*, Verwaltungsvollstreckungsrecht, Rdnrn. 94 f.; *ders.*, JuS 1987, 203 (204); *R. Pietzner*, VerwArchiv Bd. 84 [1993], 261 (268); *W.-R. Schenke*, in: U. Steiner (Hrsg.), Besonderes Verwaltungsrecht, Rdnr. 283; *ders. / P. Baumeister*, NVwZ 1993, 1 (2); *F. Wind*, VR 1988, 133 (141); *H. Wolf / U. Stephan*, Polizeigesetz für Baden-Württemberg, § 49 Rdnr. 11; *J. Vahle*, Vollstreckung und Rechtsschutz im Verwaltungsrecht, Rdnr. 45; siehe ferner OVG Lüneburg, NVwZ 1984, 323; VGH Mannheim, DÖV 1984, 517 (519 f.).

[101] Vgl. *K. Habermehl*, Polizei- und Ordnungsrecht, Rdnr. 762; *D. Heckmann*, VBlBW 1993, 41 (43); *Th. Würtenberger / D. Heckmann / R. Riggert*, Polizeirecht in Baden-Württemberg, Rdnr. 474.

I. Einwendungsausschluß und Einwendungshemmung

Bestandskraft, vollstreckt wird, ist der Einwand der Rechtswidrigkeit der Grundverfügung aufgrund ihrer *materiellen* Bestandskraft und Tatbestandswirkung nur *vorläufig* präkludiert[102]; der Einwand der Rechtswidrigkeit lebt wieder auf und kann im Rahmen der Anfechtung entsprechender Vollstreckungsakte geltend gemacht werden, soweit das Gericht den Grundverwaltungsakt aufgehoben oder einem Antrag nach § 80 Abs. 5 VwGO stattgegeben hat[103].

Das bedeutet: *Im Zeitpunkt* der Vollstreckung eines wirksamen Verwaltungsakts ist die Vollstreckung unabhängig von seiner Rechtmäßigkeit rechtmäßig; erst wenn das Gericht die vollstreckte (aber noch fortwirkende) Grundverfügung aufgehoben hat, entfällt kraft der kassatorischen Wirkung des Anfechtungsurteils *rückwirkend* die materielle Bestandskraft und Tatbestandswirkung des vollstreckten Verwaltungsakts, mit der Folge, daß auch die entsprechenden Vollstreckungsakte *nachträglich* rechtswidrig werden. Wehrt sich der Betroffene hingegen gegen die zwangsweise Durchsetzung eines rechtswidrigen, zwischenzeitlich *erledigten* Verwaltungsakts, so kann er im Rahmen einer (analogen) Fortsetzungsfeststellungsklage gegen die Vollstreckungsakte ohne weiteres die Rechtswidrigkeit der Grundverfügung rügen und somit ihre vollständige gerichtliche Inzidentprüfung herbeiführen[104]. Da der Grundverwaltungsakt in diesem Fall erledigt ist, vermag er keine materielle Bestandskraft und Tatbestandswirkung zu entfalten und demnach einer solchen Inzidentprüfung nicht mehr im Wege zu stehen[105]. Deshalb dürfen Ko-

---

[102] *D. Heckmann*, VBlBW 1993, 41 (43) spricht insoweit plastisch von einer „Einwendungshemmung"; siehe auch *Th. Würtenberger / D. Heckmann / R. Riggert*, Polizeirecht in Baden-Württemberg, Rdnr. 475.

[103] Deshalb irrt das OVG Hamburg, NVwZ-RR 1993, 602 (603) in seiner Begründung (vgl. hierzu Fn. 93 [S. 35]): Nicht die schlichte Aufhebbarkeit eines Grundverwaltungsakts führt zur Rechtswidrigkeit entsprechender Vollstreckungsakte; vielmehr bedarf es der tatsächlichen gerichtlichen Aufhebung des Grundverwaltungsakts (oder gerichtlicher Anordnungen nach § 80 Abs. 5 VwGO), um den Einwand seiner materiellen Bestandskraft und Tatbestandswirkung zu beseitigen und auf diese Weise den Weg zu einer Inzidentüberprüfung im Rahmen der Anfechtung der Vollstreckungsakte zu ebnen.

[104] Diese Möglichkeit der Inzidentüberprüfung ist dem einzelnen freilich nur insoweit eröffnet, als der sich zwischenzeitlich erledigte Verwaltungsakt vor seiner Vollstreckung nicht bereits unanfechtbar, also formell bestandskräftig geworden ist.

[105] Dies übersieht *F.-L. Knemeyer*, Polizei- und Ordnungsrecht, Rdnr. 279, der mit dem Argument die Rechtmäßigkeit der Grundverfügung zur Vollstreckungsvoraussetzung erklärt, daß anderenfalls bei einer zwangsweisen Durchsetzung eines rechtswidrigen, sich zwischenzeitlich erledigten Grundverwaltungsakts seine Rechtswidrigkeit nur im Wege der (analogen) Fortsetzungsfeststellungsklage nachträglich festgestellt werden könne, während die Klage gegen die zwangsweise Durchsetzung der rechtswid-

sten für die Verwaltungsvollstreckung nur dann erhoben werden, wenn die vollstreckte Grundverfügung rechtmäßig war. Da die betreffende Grundverfügung regelmäßig infolge ihrer Erledigung keine Bestandskraft und Tatbestandswirkung mehr besitzt, ist ihre Rechtmäßigkeit im Rechtsstreit um die Vollstreckungskosten zu überprüfen[106].

Fazit: Die Behörde darf auch schon vor dem Eintritt der Unanfechtbarkeit einer Grundverfügung ohne Rücksicht auf ihre Rechtmäßigkeit Verwaltungszwang ausüben. Der innere Grund dafür, daß es bei der Durchsetzung entsprechender Verfügungen letztlich nicht auf deren Rechtmäßigkeit ankommt, liegt in der Situationsgebundenheit der Entscheidung, deren Vollzug und (gegebenenfalls) Vollstreckung nicht bis zur verbindlichen oder auch nur vorläufigen Klärung der Rechtsfrage aufgeschoben werden kann[107]. Dem gebotenen Bedürfnis nach Rechtsfrieden und -sicherheit wird durch die verwaltungsrechtlichen Institute der materiellen Bestandskraft und Tatbestandswirkung von Verwaltungsakten entsprochen. Das Institut der materiellen Bestandskraft vermittelt der Verwaltung den Legitimationsgrund dafür, einen etwaigen Streit um die Rechtswidrigkeit eines Verwaltungsakts vorläufig einseitig zu entscheiden und den in ihm begründeten Verhaltensbefehl zwangsweise durchzusetzen. Der Bürger hat diesem Befehl Folge zu leisten, solange der entsprechende Verwaltungsakt Wirksamkeit entfaltet. Ihm verbleibt demnach nur die Möglichkeit einer gerichtlichen Anfechtung des Verwaltungsakts oder eines Antrags nach § 80 Abs. 5 VwGO, um auf diese Weise den Titel für die Vollstreckung zu beseitigen beziehungsweise dessen Vollstreckung zu suspendieren, oder aber bei Erledigung der behördlichen Maßnahmen deren Rechtswidrigkeit nachträglich feststellen zu lassen. Vermag der Bürger bereits vor der Vollstreckung des Grundverwaltungsakts eine entsprechende gerichtliche Entscheidung herbeizuführen, können Rechtsschutzlücken nicht auftreten. Kommt hingegen ein solcher Rechtsschutz nicht in Betracht, so kann der be-

---

rigen Maßnahme als unbegründet zurückgewiesen werden müßte. Diese Argumentation vermag jedenfalls auf der Grundlage der hier vertretenen Meinung nicht zu verfangen; denn bei Erledigung des Grundverwaltungsakts entfällt zugleich auch dessen materielle Bestandskraft und Tatbestandswirkung, so daß keine Hinderungsgründe mehr vorliegen, im Rahmen der Anfechtung von Vollstreckungsakten die Rechtmäßigkeit der (erledigten) Grundverfügung zu überprüfen und im Falle ihrer Rechtswidrigkeit die Vollstreckungsakte für rechtswidrig zu erklären.

[106] Vgl. statt aller VGH Mannheim, VBLBW 1986, 299 (302); VGH Mannheim, VBLBW 1986, 305; VGH Mannheim, NVwZ 1989, 163; siehe auch VGH Mannheim DVBl. 1987, 153; aus dem Schrifttum statt vieler *D. Heckmann*, VBlBW 1993, 41 (43 f.); *H. Wolf / U. Stephan*, Polizeigesetz für Baden-Württemberg, § 49 Rdnr. 11.

[107] So ausdrücklich für den Fall der Auflösung öffentlicher Versammlungen BVerfGE 87, 399 (410); auf diesen verfassungsrechtlichen Hintergrund wird sogleich noch eingegangen.

I. Einwendungsausschluß und Einwendungshemmung

troffene Bürger die Vollstreckung eines Verwaltungsakts ungeachtet dessen Rechtswidrigkeit letztlich nicht abwenden. Die damit einhergehende Beeinträchtigung seiner (grundrechtlich) geschützten Rechtssphäre läßt sich nicht korrigieren. Diese auf den Instituten der materiellen Bestandskraft und Tatbestandswirkung von Verwaltungsakten beruhende Grundrechtsbeschränkung ist aber im Interesse der Rechtssicherheit unvermeidlich und damit - auch von Verfassungs wegen[108] - hinzunehmen. Dem Bürger verbleibt nur die Möglichkeit, den bereits vollstreckten Grundverwaltungsakt, soweit er noch fortwirkt, aufheben oder aber, sofern er sich, wie im Regelfall, erledigt hat, dessen Rechtswidrigkeit nachträglich feststellen zu lassen. Entsprechendes gilt für die Vollstreckungsakte: Sie sind im Zeitpunkt ihrer Vornahme aufgrund der der Grundverfügung inhärenten materiellen Bestandskraft und Tatbestandswirkung rechtmäßig; ihre Rechtswidrigkeit läßt sich erst nach einer gerichtlichen Aufhebung oder nach Erledigung des vollstreckten Grundverwaltungsakts im nachhinein durch das Gericht feststellen.

Daß im Rahmen der Anfechtung von Vollstreckungsakten der Einwand von Rechtsfehlern der vollstreckten Grundverfügung bis zu ihrer gerichtlichen Aufhebung oder Anordnungen nach § 80 Abs. 5 VwGO gehemmt ist, unterstreichen auch die Grundsätze für die Rückgängigmachung eines bereits vollstreckten (rechtswidrigen) Verwaltungsakts. Ist ein rechtswidriger Verwaltungsakt bereits vollstreckt, kann der betroffene Bürger einen Vollzugsfolgenbeseitigungsanspruch geltend machen. Der Anspruch ist freilich nur dann begründet, wenn er zuvor den Grundverwaltungsakt hat aufheben oder dessen Vollstreckung wenigstens hat suspendieren lassen. Hierzu leistet das Prozeßrecht dem Bürger zwar Hilfestellung, indem es ihm ermöglicht, seinen Vollzugsfolgenbeseitigungsanspruch durch Annexantrag zum Hauptantrag prozessual zu verwirklichen (§§ 113 Abs. 1 S. 2, 80 Abs. 5 S. 3 VwGO). Das ändert jedoch nichts daran, daß er zunächst den betreffenden Verwaltungsakt aufheben oder dessen Vollstreckung suspendieren lassen muß, um mit seinem Vollzugsfolgenbeseitigungsanspruch durchdringen zu können. Zuvor ist der Bürger aufgrund der materiellen Bestandskraft des Verwaltungsakts zur Duldung eines auch rechtswidrigen hoheitlichen Eingriffs in seine Freiheitsrechte verpflichtet[109]. Er kann also im Rahmen der Durchsetzung des Vollzugsfolgenbe-

---

[108] Vgl. BVerfGE 87, 399 (409).
[109] Vgl. aus dem Schrifttum statt aller *F. Ossenbühl*, Staatshaftungsrecht, S. 264; *G. Pietzko*, Der materiell-rechtliche Folgenbeseitigungsanspruch, S. 312 ff., insbesondere 312 f.; *T. Schneider*, Folgenbeseitigung im Verwaltungsrecht, S. 85 f.; siehe aus der Rechtsprechung BVerwGE 59, 310 (315); OVG Koblenz, NJW 1986, 2279 f.; ferner VGH Kassel, UPR 1988, 117 f.; VGH Mannheim, NVwZ-RR 1990, 59 (60); VGH Mannheim, NJW 1985, 2352 (2353); VGH Mannheim, VBlBW 1983, 25 (27); VGH München, NVwZ 1987, 986 (987).

seitigungsanspruchs keine inzidente Überprüfung des den Grundrechtseingriff bewirkenden Verwaltungsakts herbeiführen. Vielmehr muß er diesen Verwaltungsakt gerichtlich aufheben oder die aufschiebende Wirkung des Rechtsbehelfs anordnen beziehungsweise wiederherstellen lassen, um seine kraft materieller Bestandskraft des Verwaltungsakts bestehende Duldungsverpflichtung zu entkräften und damit dem annexweise geltend gemachten Vollzugsfolgenbeseitigungsanspruch zum Erfolg zu verhelfen[110]. Gilt aber nach der Vollstreckung eines rechtswidrigen Verwaltungsakts dieses Gebot zum stufenweisen Vorgehen, das einer inzidenten Überprüfung des vollstreckten Verwaltungsakts im Rahmen der rechtlichen Untersuchung des Vollzugsfolgenbeseitigungsanspruches entgegensteht, so muß gleiches auch für den Zeitpunkt der Verwaltungsvollstreckung selbst gelten. Auch insoweit kann bei der Überprüfung der Verwaltungsvollstreckungsakte die Rechtmäßigkeit der zu vollstreckenden Grundverfügung keine Rolle spielen. Solange und soweit der Grundverwaltungsakt nicht aufgehoben ist oder sich erledigt hat, ist er wirksam und entfaltet eine der Inzidentprüfung im Rahmen der Anfechtung von Vollstreckungsakten entgegenstehende materielle Bestandskraft und Tatbestandswirkung.

Kommt es infolgedessen nach dem Regelungsmodell des § 43 Abs. 2 und 3 VwVfG, konkret: nach den darauf beruhenden Instituten der materiellen Bestandskraft und der Tatbestandswirkung von Verwaltungsakten, für die Verwaltungsvollstreckung nicht auf die Rechtmäßigkeit der zu vollstreckenden Grundverfügung an, so erhellt hieraus, daß Modifizierungen dieses einfachgesetzlich festgelegten Modells nur nach Maßgabe gesetzlicher Anordnungen möglich sind. Ob derartige Modifizierungen im einfachen Vollstreckungsrecht vorgesehen und aus verfassungsrechtlichen Gründen sogar angezeigt sind, und deshalb in Abweichung zu dem bislang gefundenen Ergebnis die Rechtmäßigkeit der Grundverfügung eine Zulässigkeitshürde für die Verwaltungsvollstreckung bildet, soll im folgenden näher untersucht werden.

II. Vollstreckungsrechtliche Modifizierung des Einwendungsausschlusses und der Einwendungshemmung?

Zunächst einmal vermögen prozeßökonomische Erwägungen eine Korrektur der prinzipiellen Trennung der rechtlichen Bewertung von Grundverfügung und Vollstreckungsakten nicht zu rechtfertigen. Freilich läßt sich nicht von der Hand weisen, daß es der Verfahrensökonomie nicht dienlich ist, dem betroffenen Bürger die Anfechtung sowohl des Grundverwaltungsakts als auch

---

[110] *F. Ossenbühl*, Staatshaftungsrecht, S. 264.

II. Vollstreckungsrechtliche Modifizierung?

der entsprechenden Vollstreckungsakte abzuverlangen. Dieser prozeßrechtliche Weg ist jedoch die notwendige Konsequenz der in § 43 Abs. 2 und 3 VwVfG niedergelegten materiellen Bestandskraft und Tatbestandswirkung wirksamer Verwaltungsakte. Wie gezeigt, setzt auch die erfolgreiche Durchsetzung eines Vollzugsfolgenbeseitigungsanspruchs die vorherige Aufhebung des vollstreckten Verwaltungsakts oder die Anordnung beziehungsweise Wiederherstellung des Suspensiveffekts voraus. Auch insoweit wird dem betroffenen Bürger keine Möglichkeit einer Inzidentüberprüfung der Rechtmäßigkeit des vollstreckten Verwaltungsakts eingeräumt.

Eine einfachgesetzliche Modifizierung des beschriebenen Regelmodells könnte sich jedoch aus dem Vollstreckungsrecht ergeben. Das Verwaltungsvollstreckungsrecht schweigt sich allerdings dazu aus, ob die Vollstreckung von Verwaltungsakten an deren Rechtmäßigkeit geknüpft ist. Die Verwaltungsvollstreckungsgesetze verlangen regelmäßig nur die Unanfechtbarkeit oder die sofortige Vollziehbarkeit im Sinne des § 80 Abs. 2 VwGO des befehlenden Verwaltungsakts als eine Voraussetzung für die Rechtmäßigkeit von Vollstreckungsakten[111]. Die Rechtmäßigkeit des Verwaltungsakts wird hingegen nicht zur Zulässigkeitsvoraussetzung der Verwaltungsvollstreckung deklariert[112]. Allerdings könnten in § 18 Abs. 1 S. 3 BVwVG sowie in den inhaltsgleichen Regelungen des Art. 38 Abs. 1 S. 3 VwZVGBay und des § 46 Abs. 7 S. 3 VwZVGThür Ausnahmetatbestände zu erblicken sein. In der Tat wird aus der Vorschrift des § 18 Abs. 1 S. 3 BVwVG für den Bereich des Bundesvollstreckungsrechts der Umkehrschluß gezogen, daß für den Zeitraum der Anfechtbarkeit der Grundverfügung im Verfahren gegen die Androhung des Zwangsmittels die Rechtswidrigkeit des Verwaltungsakts geltend gemacht werden könne, also der Einwand der Rechtswidrigkeit des Verwaltungsakts Bedeutung für die Frage nach der Rechtswidrigkeit der Androhung habe[113]. Dem wird man allerdings nicht zustimmen können[114]. Denn § 18 Abs. 1 S. 3 BVwVG betrifft ausschließlich Rechtsschutzfragen, regelt aber nicht die Rechtmäßigkeitsvoraussetzungen von Verwaltungsvollstreckungsakten. Diese

---

[111] Vgl. § 6 Abs. 1 BVwVG sowie die entsprechenden landesrechtlichen Normen, vgl. nur § 2 VwVGBad-Württ; Art. 53 Abs. 1 PAGBay; § 53 Abs. 1 VGPolBbg; § 18 Abs. 1 HmbVwVG; § 47 Abs. 1 HSOG; § 80 Abs. 1 SOGMV; § 64 Abs. 1 NGefAG; § 47 Abs. 1 PolGNW; § 50 Abs. 1 POGRh-Pf; § 44 Abs. 1 SPolG; § 53 Abs. 1 SOG-LSA; § 229 Abs. 1 LVwGSchl-H; § 53 Abs. 1 PAGThür.

[112] Vgl. statt vieler *W.-R. Schenke / P. Baumeister*, NVwZ 1993, 1 (2).

[113] *W.-R. Schenke / P. Baumeister*, NVwZ 1993, 1 (2 in Fn. 9); siehe auch *W.-R. Schenke*, in: U. Steiner (Hrsg.), Besonderes Verwaltungsrecht, Rdnr. 289, der „offenbar" aus § 18 Abs. 1 S. 3 BVwVG diesen Umkehrschluß ziehen möchte.

[114] Ebenso mit ausführlicher Begründung *R. Pietzner*, VerwArchiv Bd. 84 [1993], 261 (268).

finden sich vielmehr allein in § 6 Abs. 1 BVwVG. Demgegenüber hat § 18 Abs. 1 S. 2 und 3 BVwVG eine rein prozessuale Funktion: Ähnlich wie § 113 Abs. 1 S. 2 und Abs. 3 VwGO für die Geltendmachung von Vollzugsfolgenbeseitigungsansprüchen und Erstattungsansprüchen ermöglicht § 18 Abs. 1 S. 2 und 3 BVwVG im Interesse der Verfahrensökonomie und Rechtsschutzeffektuierung eine parallele Anfechtung der Grundverfügung und der Androhung im Wege der objektiven Klagehäufung, um damit dem Bürger eine zeitaufwendige Stufenstreitigkeit zu ersparen. Damit wird jedoch die Rechtmäßigkeit des Verwaltungsakts nicht zur Rechtmäßigkeitsvoraussetzung der Vollstreckung. Vielmehr wird allein die - unter verfahrensökonomischen Gesichtspunkten sinnvolle und erstrebenswerte - prozessuale Möglichkeit eröffnet, über die den vollstreckten Grundverwaltungsakt und die Anordnung betreffenden Rechtmäßigkeitseinwände in einem und demselben Verfahren zu entscheiden[115].

III. Verfassungsrechtlich gebotene Modifizierung des Einwendungsausschlusses und der Einwendungshemmung?

Wie gezeigt, löst das geltende Verwaltungsverfahrens- und Vollstreckungsrecht das zwischen den rechtsstaatlichen Prinzipien der Rechtssicherheit und Gesetzmäßigkeit der Verwaltung bestehende Spannungsverhältnis in der Weise auf, daß es im Interesse der Rechtssicherheit eine zwangsweise Durchsetzung auch rechtswidriger Verwaltungsakte erlaubt, solange und soweit diese nicht behördlich oder gerichtlich aufgehoben sind oder sich erledigt haben. Ähnliche Spannungsverhältnisse bestehen auch in anderen Rechtsbereichen. Nach der Rechtsprechung kommt dem Gesetzgeber bei der Regelung dieses verfassungsrechtlichen Spannungsverhältnisses, insbesondere bei der Frage, welchem der beiden gegenläufigen Schutzgüter er im Einzelfall Vorrang einräumt, weite Gestaltungsfreiheit zu. Deshalb darf die Rechtsordnung über das Institut der Rechtskraft in Kauf nehmen, daß selbst unrichtige Gerichtsentscheidungen für den Einzelfall endgültig verbindlich sind[116]. Dementsprechend hat das Bundesverfassungsgericht auch der Vorschrift des § 79 Abs. 2 BVerfGG Verfassungskonformität attestiert. Diese Norm beruht, wie das Gericht wiederholt festgestellt hat[117], auf der verfassungsrechtlich nicht zu beanstandenden Entscheidung des Gesetzgebers, bei der Behandlung von rechts-

---

[115] Zutreffend *R. Pietzner*, VerwArchiv Bd. 84 [1993], 261 (268, Fn. 34).
[116] BVerfGE 60, 253 (268).
[117] Vgl. nur BVerfGE 2, 380 (404); 7, 194 (195 f.); 11, 263 (265); 12, 338 (340); ausführlich zu § 79 BVerfGG *Ch. Pestalozza*, Verfassungsprozeßrecht, § 20 Rdnrn. 73 ff., insbesondere 75 ff.

III. Verfassungsrechtlich gebotene Modifizierung?

kräftigen Urteilen, die auf einer für nichtig erklärten gesetzlichen Grundlage beruhen, dem Gedanken der Rechtssicherheit und des Rechtsfriedens vor jenem des Rechtsschutzes des einzelnen den Vorrang zu geben. Das gleiche aber gilt für das geltende Verwaltungsverfahrens- und Vollstreckungsrecht. Das Bundesverfassungsgericht hatte sich in einem Beschluß vom 1.12.1992 mit der Frage zu beschäftigen, ob ein Verstoß gegen eine Auflösungsverfügung einer öffentlichen Versammlung ohne Rücksicht auf deren Rechtmäßigkeit von Verfassungs wegen unter Strafe gestellt werden darf. Das Bundesverfassungsgericht hat diese Frage verneint und für eine Bestrafung nach dem Versammlungsgesetz die Rechtswidrigkeit der Auflösungsverfügung verlangt[118]. Es hat aber zugleich deutlich gemacht, daß die Teilnehmer einer Versammlung einer Auflösungsverfügung strikt Folge zu leisten haben: „Die Pflicht, sich von einer aufgelösten Versammlung zu entfernen, kann nicht von der Rechtmäßigkeit der Auflösungsverfügung abhängig gemacht werden. Da sich diese immer erst im nachhinein verbindlich feststellen läßt, könnten Versammlungsauflösungen nicht durchgesetzt werden, sobald ein Teilnehmer die Rechtswidrigkeit der Auflösung geltend machte"[119]. Daher sei der Einsatz staatlicher Zwangsmittel unabhängig von der Rechtmäßigkeit und Unanfechtbarkeit der zugrundeliegenden Polizeiverfügung prinzipiell zulässig[120]. Den Versammlungsteilnehmer verweist das Gericht hierbei auf die Möglichkeit, die Rechtswidrigkeit des polizeilichen Vorgehens nachträglich gerichtlich feststellen zu lassen. Daß auf diese Weise einem möglichen Grundrechtsverstoß, der in der rechtswidrigen Auflösung liegt, nicht abgeholfen werden kann, nimmt das Gericht als „unvermeidlich" hin. Denn anderenfalls, so das Gericht, könnte die vom Staat zu gewährleistende Sicherheit anderer Rechtsgüter nicht sichergestellt werden[121]. Das Bundesverfassungsgericht stellt daher in Übereinstimmung mit der hier vertretenen Meinung maßgeblich auf die Rechtssicherheit vermittelnden Institute der materiellen Bestandskraft und Tatbestandswirkung von Verwaltungsakten ab und räumt diesen Instituten Vorrang gegenüber der rechtsstaatlichen Forderung der Gesetzmäßigkeit der Verwaltung ein, indem es den Vollzug auch rechtswidriger Verfügungen für verfassungsrechtlich zulässig erklärt, solange und soweit keine verbindliche gerichtliche Entscheidung über ihre Rechtmäßigkeit ergangen, sie also weder gerichtlich aufgehoben noch der Suspensiveffekt angeordnet oder wiederhergestellt ist.

Vermögen demnach Rechtsschutzerwägungen als solche keine Abweichung von dem aufgestellten Grundsatz zu rechtfertigen, wonach es nach Maßgabe und auf der Grundlage der materiellen Bestandskraft und Tatbestandswirkung

---

[118] BVerfGE 87, 399 (410 f.).
[119] BVerfGE 87, 399 (409).
[120] BVerfGE 87, 399 (409).
[121] BVerfGE 87, 399 (409).

von Verwaltungsakten für die Zulässigkeit der Vollstreckung nicht auf deren Rechtmäßigkeit ankommt, so könnte doch der Gleichheitssatz des Art. 3 Abs. 1 GG eine Modifizierung dieses Ergebnisses gebieten. Ausgangspunkt dieser Überlegung ist, daß im einaktigen Verfahren, also in den Fällen der unmittelbaren Ausführung und des sofortigen Vollzugs, die rechtlichen Voraussetzungen für das ordnungsbehördliche oder polizeiliche Einschreiten vorliegen müssen. Wird aber im einaktigen Verfahren die Rechtmäßigkeit der nicht erlassenen „hypothetischen" oder „fingierten" Grundverfügung verlangt[122], so könnte - gerade unter den Auspizien des Art. 3 Abs. 1 GG - entsprechendes zu gelten haben, sofern eine Grundverfügung ergeht und im abgekürzten Verfahren vollstreckt wird[123]. Dieser mögliche Einwand vermag indes im Ergebnis nicht zu überzeugen. Denn nochmals: Die Rechtmäßigkeit der Grundverfügung ist zwar Voraussetzung für entsprechende Vollzugsakte; nur können Rechtsfehler der Verfügung im Rahmen der Anfechtung von Vollstreckungsakten nicht gerügt werden, solange und soweit der entsprechende Grundverwaltungsakt Wirksamkeit entfaltet; der Einwand seiner Rechtswidrigkeit ist im Falle der formellen Bestandskraft endgültig und im Falle lediglich materieller Bestandskraft vorübergehend, d.h. bis zur gerichtlichen Aufhebung oder Erledigung, abgeschnitten. Die unterschiedliche rechtliche Behandlung des einaktigen und des mehraktigen Verfahrens findet ihre spezifische Legitimation in der Eigenart des das mehraktige Verfahren prägenden Grundverwaltungsakts, der Wirksamkeit entfaltet, solange er nicht nichtig, aufgehoben oder auf andere Weise erledigt ist, und aufgrund dieser materiellen Bestandskraft und Tatbestandswirkung ohne Rücksicht auf seine Rechtmäßigkeit vollstreckt werden darf. Demgegenüber fehlt es beim einaktigen Verfahren an einem solchen Legitimationsgrund, welcher der Verwaltung im Interesse der Rechtssicherheit den Vollzug und die Vollstreckung auch eines rechtswidrigen, materiell bestandskräftigen Verwaltungsakts gestattet. Da insoweit kein Grundverwaltungsakt ergeht, kann es auch nicht zu einem Streit um seine Rechtmäßigkeit und damit auch zu keinem Konflikt zwischen dem Prinzip der Gesetzmäßigkeit der Verwaltung und der Rechtssicherheit kommen. Deshalb erfordern Sofortmaßnahmen zu ihrer Rechtmäßigkeit in der Regel die Rechtmäßigkeit der hypothetischen oder fingierten Grundverfügung[124].

---

[122] Vgl. hierzu noch unten unter E. III., S. 62.

[123] Vgl. *K. Habermehl*, Polizei- und Ordnungsrecht, Rdnr. 763, allerdings nicht unter Heranziehung des Art. 3 Abs. 1 GG.

[124] Eine Ausnahme hiervon gilt freilich dann, wenn nach dem Erlaß eines Grundverwaltungsakts mangels Regelung eines abgekürzten Vollstreckungsverfahrens im Wege der Sofortmaßnahmen vollstreckt wird (vgl. hierzu oben unter C. II. bei Fn. 52 [S. 23]). In diesem Fall steht einer Inzidentprüfung des Grundverwaltungsakts seine materielle Bestandskraft und Tatbestandswirkung entgegen.

E. Einzelfragen der Sofortmaßnahmen

Die Sofortmaßnahmen sind dadurch gekennzeichnet, daß die zuständige Behörde die zur Gefahrenabwehr erforderlichen Maßnahmen ohne vorausgehenden Verwaltungsakt treffen kann. Deshalb spricht man von einem einaktigen Verfahren, weil es im Gegensatz zum mehraktigen Vollstreckungsverfahren keine Aufspaltung zwischen der zu vollstreckenden Grundverfügung und den hierauf beruhenden Vollstreckungsakten gibt. Allerdings reichen die Anwendungsfelder der Sofortmaßnahmen über das einaktige Verfahren hinaus und erfassen auch diejenigen Fälle, in denen ein Grundverwaltungsakt hat ergehen können, das Vollstreckungsrecht jedoch kein[125] oder ein nur unzureichendes[126] abgekürztes Verfahren zur Verfügung stellt[127]; in diesen Fällen muß zur Überwindung des das gestreckte mehraktige Verfahren prägenden Erfordernisses der Vollstreckbarkeit der Grundverfügung und / oder des Vorliegens der besonderen Vollstreckungsvoraussetzungen auf die Bestimmungen über die Sofortmaßnahme zurückgegriffen werden[128]. Allerdings darf dieser Ausnahmefall der Sofortmaßnahmen nicht den Blick dafür verstellen, daß Sofortmaßnahmen und einaktiges Verfahren in aller Regel synonyme Begrifflichkeiten darstellen und gleichermaßen durch das Fehlen einer entsprechenden Grundverfügung gekennzeichnet sind.

Im folgenden sollen einige wesentliche Probleme der Sofortmaßnahmen erörtert werden. Zunächst wird auf die Abgrenzung zwischen den beiden Instituten der Sofortmaßnahmen, der unmittelbaren Ausführung und dem sofortigen Vollzug eingegangen, eine Frage, welcher maßgebliche Bedeutung in denjenigen Ländern zukommt, die beide Institute nebeneinander regeln (dazu

---

[125] Vgl. §§ 13 Abs. 1 S. 1 i.V.m. 6 Abs. 2 BVwVG; §§ 5 Abs. 2 VwVfGBln, 13 Abs. 1 S. 1 i.V.m. 6 Abs. 2 BVwVG; §§ 40 Abs. 1 BremPolG, 17 Abs. 1 i.V.m. 11 Abs. 2 BremVwVG.

[126] Vgl. Art. 59 Abs. 1 S. 3 PAGBay, Art. 35 VwZVGBay; §§ 58 Abs. 1 S. 3 VG-PolGBbg, 23 Abs. 1 VwVGBbg; §§ 56 Abs. 1 S. 3, 61 Abs. 1 S. 2 PolGNW, 63 Abs. 2 VwVGNW; §§ 70, Abs. 1 S. 2, 74 Abs. 1 S. 2 NGefAG; §§ 50 Abs. 1 S. 3, 54 Abs. 1 S. 2 SPolG, 19 Abs. 1 S. 1 SVwVG; §§ 59 Abs. 1 S. 3, 63 Abs. 1 S. 2 SOGLSA; §§ 32 Abs. 2 S. 2 SächsPolG, 21 SächsVwVG; §§ 56 Abs. 1 S. 3 POGRh-Pf, 66 Abs. 1 S. 1 VwVGRh-Pf.

[127] Vgl. hierzu oben unter C. I. 4. nach Fn. 35 (S. 20).

[128] Vgl. hierzu im einzelnen oben unter C. II. bei Fn. 52 (S. 23).

48   E. Einzelfragen der Sofortmaßnahmen

unter I.). Sodann geht es um die Einordnung der Sofortmaßnahmen im System des formellen Vollstreckungsrechts und des materiellen Polizei- und Ordnungsrechts (dazu unter II.). Und schließlich werden noch einige Überlegungen zur Rechtsnatur der Sofortmaßnahmen angestellt; zu klären gilt es vor allem, ob die Sofortmaßnahmen ihrer Rechtsqualität nach als Verwaltungsakte angesehen werden können oder aber dem weiten Anwendungsfeld schlicht-hoheitlichen Handelns zuzurechnen sind (dazu unter III.).

I. Zur Abgrenzung von unmittelbarer Ausführung und sofortigem Vollzug

Die gesetzliche Ausgestaltung des Vollstreckungsrechts des Bundes und der Länder offenbart eine terminologische Uneinheitlichkeit des Rechts der Sofortmaßnahmen. Auf der Ebene des Bundesrechts werden die Sofortmaßnahmen teilweise als „sofortiger Vollzug"[129], teilweise als „unmittelbare Ausführung"[130] bezeichnet. Einige Ländern kennen beide Institute[131], während andere wiederum entweder nur den sofortigen Vollzug[132] oder ausschließlich die unmittelbare Ausführung[133] regeln. Der Musterentwurf eines einheitlichen Polizeigesetzes des Bundes und der Länder vom 25. November 1977 regelt beide Sofortmaßnahmen. In § 5a MEPolG findet sich die unmittelbare Ausführung einer Maßnahme, während § 28 Abs. 2 MEPolG den sofortigen Vollzug regelt. Damit läßt sich das Recht der Sofortmaßnahmen in insgesamt drei Regelungsmodelle einteilen. In der ersten Gruppe firmieren die Sofortmaßnahmen ausschließlich als sofortiger Vollzug, in der zweiten allein als unmittelbare Ausführung, während in der dritten Gruppe die Sofortmaßnahmen sowohl als sofortiger Vollzug als auch als unmittelbare Ausführung bezeichnet werden.

---

[129] Vgl. § 6 Abs. 2 BVwVG.
[130] Vgl. § 19 Abs. 1 BGSG.
[131] Art. 9 Abs. 1, 53 Abs. 2 PAGBay; §§ 15 Abs. 1 ASOG Bln, 5 Abs. 2 VwVfG-Bln, 6 Abs. 2 BVwVG; §§ 8 Abs. 1, 53 Abs. 2 VGPolGBbg; §§ 8 Abs. 1, 47 Abs. 2 HSOG; §§ 6 Abs. 1 POGRh-Pf., 61 Abs. 2 VwVGRh-Pf; §§ 9 Abs. 1, 53 Abs. 2 SOG-LSA; §§ 9 Abs. 1, 51 Abs. 2 PAGThür.
[132] §§ 40 Abs. 1 BremPolG, 11 Abs. 2 BremVwVG; § 81 SOGMV; § 64 Abs. 2 NGefAG; § 50 Abs. 2 PolGNW; § 44 Abs. 2 SPolG; § 230 Abs. 1 LVwGSchl-H.
[133] § 8 Abs. 1 PolGBad-Württ; § 7 Abs. 1 HmbSOG; § 6 Abs. 1 SächsPolG.

1. Alternative Regelung von unmittelbarer Ausführung und sofortigem Vollzug

Sofern nur eine Sofortmaßnahme geregelt ist, stellt sich die Frage nach der Abgrenzung zwischen den Instituten der unmittelbaren Ausführung und des sofortigen Vollzugs schon gar nicht. In diesen Fällen sind die Begriffe der unmittelbaren Ausführung beziehungsweise des Sofortvollzugs in einem umfassenden Sinne zu verstehen, der die gesamten Anwendungsfelder des § 5a MEPolG und des § 28 Abs. 2 MEPolG umschließt[134]. Sofern also ohne vorangehenden Grundverwaltungsakt gegen den Betroffenen vorgegangen wird, liegt eine unmittelbare Ausführung oder aber ein sofortiger Vollzug vor. Für die Einschlägigkeit eines der Institute der Sofortmaßnahmen ist es unerheblich, ob der Betreffende im konkreten Fall anwesend ist oder nicht. Ebensowenig kommt es darauf an, ob gegen den (mutmaßlichen) Willen des Betroffenen gehandelt wird, also sein entgegenstehender Wille gebeugt werden soll, oder aber, ob die betroffenen Maßnahmen von seinem Willen gedeckt sind. Die Institute der unmittelbaren Ausführung und des sofortigen Vollzugs vermitteln also ein lückenloses Auffangnetz, das sich auf sämtliche Fälle erstreckt, in denen ohne vorgelagerten Grundverwaltungsakt gegen den Betroffenen vorgegangen wird, und zwar unabhängig davon, ob die Maßnahmen Eingriffs- und Zwangscharakter besitzen.

Demgegenüber wird allerdings gelegentlich die Auffassung vertreten, daß Maßnahmen ohne Eingriffs- und Zwangscharakter aus dem Anwendungsbereich der unmittelbaren Ausführung herausfielen, was dort Bedeutung hätte, wo als Sofortmaßnahme nur die unmittelbare Ausführung geregelt ist[135]. Danach könnten Rettungsmaßnahmen der Polizei, wie etwa Suchaktionen nach vermißten Personen, der Transport eines bewußtlos auf der Straße Liegenden in das Krankenhaus oder die Rettung eines Ertrinkenden, dem Institut der unmittelbaren Ausführung nicht zugeordnet werden, weil es sich insoweit nicht um Zwangsmaßnahmen gegen den Willen des Betroffenen handelt, son-

---

[134] Ebenso *K. Habermehl*, Polizei- und Ordnungsrecht, Rdnr. 750; *W.-R. Schenke*, in: U. Steiner (Hrsg.), Besonderes Verwaltungsrecht, Rdnr. 304; *A. Schmitt-Kammler*, NWVBL 1989, 389 (395); *Th. Würtenberger / D. Heckmann / R. Riggert*, Polizeirecht in Baden-Württemberg, Rdnrn. 503, 505; *P. J. Tettinger*, Besonderes Verwaltungsrecht, Rdnr. 308.

[135] Vgl. *U. Stephan*, Allgemeines Polizeirecht in Baden-Württemberg, S. 86 f.; dens., VBlBW 1985, 121 (123); *H. Wolf / U. Stephan*, Polizeigesetz für Baden-Württemberg, § 8 Rdnr. 3.

dern um Maßnahmen, die von diesem erwünscht sind[136]. Da derartige Maßnahmen im Interesse des Betreffenden erfolgen und deshalb auch ohne spezielle gesetzliche Ermächtigung zulässig wären[137], kommt diesem Streit um die Reichweite des Instituts der unmittelbaren Ausführung nur im Hinblick auf die Verpflichtung zum Kostenersatz[138] und die Möglichkeit, diese Kosten im Verwaltungszwangsverfahren beizutreiben, praktische Bedeutung zu[139]. Indes lassen sich keinerlei überzeugende Gründe dafür finden, das Institut der unmittelbaren Ausführung auf polizeiliche Maßnahmen mit Zwangscharakter zu beschränken und Maßnahmen ohne einen solchen Zwangscharakter aus seinem Anwendungsfeld auszuklammern[140]. Wortlaut und Systematik der entsprechenden Bestimmungen bieten keine Anhaltspunkte für eine derartige Beschränkung der tatbestandlichen Reichweite des Instituts der unmittelbaren Ausführung. In den Vorschriften ist lediglich von der unmittelbaren Ausführung von Maßnahmen die Rede[141]; daß es sich insoweit stets um Maßnahmen zum Zwecke der Beugung eines entgegenstehenden Willens des Betroffenen handeln muß, läßt sich dem Wortlaut schlechthin nicht entnehmen. Auch die Regelung der unmittelbaren Ausführung außerhalb der Vorschriften über den Polizeizwang[142] spricht nicht dafür, daß sie nur die Maßnahmen mit Zwangscharakter erfaßt, nicht aber auch die Fälle, in denen im Interesse des Betreffenden und mit seinem (mutmaßlichen) Willen gehandelt wird. Im Gegenteil: Vor dem Hintergrund der Regelung von Maßnahmen mit Zwangscharakter im speziellen Vollstreckungsrecht erscheint die Einbeziehung von Maßnahmen mit Beugecharakter in den Anwendungsbereich des Instituts der unmittelbaren Ausführung eher problematisch als die Geltungserstreckung dieses Instituts auf Maßnahmen ohne Eingriffs- und Zwangscharakter. Gleichwohl wird man auch diese Bedenken mit dem Argument zerstreuen können, daß das entspre-

---

[136] So ausdrücklich *U. Stephan*, Allgemeines Polizeirecht in Baden-Württemberg, S. 86 f.; dens., VBlBW 1985, 121 (123); *H. Wolf / U. Stephan*, Polizeigesetz für Baden-Württemberg, § 8 Rdnr. 3.

[137] Zutreffend *K. Vogel*, in: ders. / W. Martens, Gefahrenabwehr, S. 442; *U. Stephan*, VBlBW 1985, 121 (123).

[138] Vgl. § 19 Abs. 2 BGSG; § 8 Abs. 2 PolGBad-Württ; § 7 Abs. 3 HmbSOG; § 6 Abs. 2 SächsPolG.

[139] Siehe *U. Stephan*, Allgemeines Polizeirecht in Baden-Württemberg, S. 86 f.; dens., VBlBW 1985, 121 (123); *H. Wolf / U. Stephan*, Polizeigesetz für Baden-Württemberg, § 8 Rdnr. 3; *K. Vogel*, in: ders. / W. Martens, Gefahrenabwehr, S. 442.

[140] Ebenso *W.-R. Schenke*, in: U. Steiner (Hrsg.), Besonderes Verwaltungsrecht, Rdnr. 304 Fn. 745; *Th. Würtenberger / D. Heckmann / R. Riggert*, Polizeirecht in Baden-Württemberg, Rdnr. 503.

[141] Vgl. § 19 Abs. 1 BGSG; § 8 Abs. 1 PolGBad-Württ; § 7 Abs. 1 HmbSOG; § 6 Abs. 1 SächsPolG.

[142] Vgl. § 49 Abs. 1 PolGBad-Württ i.V.m. dem VwVGBad-Württ sowie die vollstreckungsrechtlichen Regelungen des HmbVwVG und des SächsPolG.

I. Zur Abgrenzung von unmittelbarer Ausführung und sofortigem Vollzug 51

chende Verwaltungsvollstreckungsrecht nur das mehraktige Verfahren regelt, nicht aber die Fälle, in denen zur Gefahrenabwehr ohne vorausgehenden Grundverwaltungsakt die Anwendung von Verwaltungszwang geboten ist. Diese Zwangsmaßnahmen können nur im Wege der unmittelbaren Ausführung getroffen werden.

Probleme könnten aber in dem umgekehrten Fall entstehen, daß Sofortmaßnahmen nur in der Gestalt des sofortigen Vollzugs möglich sind. Die Vorschriften über den sofortigen Vollzug finden sich in dem Abschnitt „Verwaltungszwang" der entsprechenden Polizei- beziehungsweise Vollstreckungsgesetze[143]. Ausdrücklich ist insoweit von „Verwaltungszwang"[144] die Rede, der in Abweichung vom Regeltypus des Verwaltungsvollstreckungsverfahrens „ohne vorausgehenden Verwaltungsakt" angewendet werden darf. Wegen dieser Ansiedelung des Instituts des sofortigen Vollzugs im System des Verwaltungszwangs und ihrer Bezeichnung als „Verwaltungszwang" scheint die Schlußfolgerung nahezuliegen, daß der sofortige Vollzug allein die Fälle der Überwindung eines entgegenstehenden Willens betreffe, nicht aber die Fälle, in denen nicht gegen den Willen, sondern im Interesse des Betreffenden gehandelt werde[145]. Ob dieses Auslegungsergebnis zwingend ist, ob also für das Institut des sofortigen Vollzugs die Überwindung eines entgegenstehenden Willens typuspräged ist, ist insbesondere für die Abgrenzung des sofortigen Vollzugs von der unmittelbaren Ausführung als weiterer Erscheinungsform der Sofortmaßnahmen bedeutsam; hierauf wird sogleich noch näher einzugehen sein. Diese Frage kann aber an dieser Stelle auf sich beruhen. Denn jedenfalls insoweit, als die entsprechenden gesetzlichen Bestimmungen als Sofortmaßnahmen allein den sofortigen Vollzug vorsehen, ist die Anwendbarkeit dieses Instituts nicht auf die Fälle der Maßnahmen mit Eingriffs- und Zwangscharakter reduziert. Selbst wenn man dem Institut des sofortigen Vollzugs das typusprägende Merkmal der Willensbeugung zuweisen sollte, bedeutete dies noch nicht, daß Maßnahmen ohne Eingriffs- und Zwangscharakter aus dem Anwendungsbereich dieses Instituts herausfallen müßten. Vielmehr entstünde insoweit lediglich eine Regelungslücke, die sich im Wege des Erst-recht-

---

[143] Vgl. § 6 Abs. 2 BVwVG; §§ 40 Abs. 1 BremPolG, 11 Abs. 2 BremVwVG; §§ 79 ff., 81 SOGMV; § 64 Abs. 2 NGefAG; § 50 Abs. 2 PolGNW; § 44 Abs. 2 SPolG; §§ 228 ff., 230 Abs. 1 LVwGSchl-H.

[144] Vgl. nochmals § 6 Abs. 2 BVwVG; § 81 SOGMV; § 50 Abs. 2 PolGNW; § 44 Abs. 2 SPolG; § 230 Abs. 1 LVwGSchl-H; ähnlich § 64 Abs. 2 NGefAG: „Zwangsmittel".

[145] Vgl. zu dieser sich auf den ersten Blick aufdrängenden Schlußfolgerung *A. Schmitt-Kammler*, NWVBl 1989, 389 (393); *M. Oldiges*, JuS 1989, 616 (619).

Schlusses[146] schließen ließe: Wenn schon die zwangsweise Durchsetzung, also Brechung eines entgegenstehenden Willens zulässig ist, dann muß ein tatsächliches Vorgehen ohne Beugung eines entgegenstehenden Willens erst recht zulässig sein[147]. Das Institut des sofortigen Vollzugs erfaßt demnach nicht nur die Zwangsmaßnahmen, d.h. die Fälle, in denen gegen den Willen des Betroffenen gehandelt wird, sondern auch Maßnahmen, die von dem Betreffenden erwünscht sind, also insbesondere die Fälle polizeilicher Rettungsaktionen. Derartige polizeiliche Maßnahmen sind von dem Institut des sofortigen Vollzugs gedeckt[148].

2. Kumulative Regelung von unmittelbarer Ausführung und sofortigem Vollzug

Erhebliche Schwierigkeiten bei der Abgrenzung zwischen den Instituten der unmittelbaren Ausführung und des sofortigen Vollzugs treten in denjenigen Ländern auf, die beide Erscheinungsformen der Sofortmaßnahmen geregelt haben. Insoweit reicht es nicht aus, auf die vermeintliche Sinnkongruenz beider Institute und auf die hieraus folgende Überflüssigkeit paralleler, nebeneinander stehender Regelung hinzuweisen[149]. Hat sich der Gesetzgeber für die kumulative Regelung beider Institute entschieden, stellt sich die Frage, welche Fälle von der einen und welche Fälle von der anderen Sofortmaßnahme erfaßt werden, mit anderen Worten: anhand welcher Kriterien beide Sofortmaßnahmen voneinander abzugrenzen sind[150].

---

[146] Vgl. zum Erst-recht-Schluß als Methode zur Ausfüllung von Gesetzeslücken nochmals (siehe bereits oben unter C. II. bei Fn. 57 [S. 24]) *K. Larenz*, Methodenlehre der Rechtswissenschaft, S. 389 f.

[147] Zutreffend *K. Habermehl*, Polizei- und Ordnungsrecht, Rdnr. 738.

[148] Ebenso explizit V. *Götz*, Allgemeines Polizei- und Ordnungsrecht, Rdnr. 300; *J. Dietlein*, NWVBL 1991, 81 (85); siehe auch *K. Habermehl*, Polizei- und Ordnungsrecht, Rdnr. 750; *W.-R. Schenke*, in: U. Steiner (Hrsg.), Besonderes Verwaltungsrecht, Rdnr. 304; *A. Schmitt-Kammler*, NWVBL 1989, 389 (395); *P. J. Tettinger*, Besonderes Verwaltungsrecht, Rdnr. 308.

[149] Vgl. statt vieler *H. Maurer*, Allgemeines Verwaltungsrecht, § 20 Rdnr. 25: „In beiden Fällen geht es um dasselbe"; *M. Oldiges*, JuS 1989, 616 (619): „im wesentlichen gleich"; *P. J. Tettinger*, Besonderes Verwaltungsrecht, Rdnr. 308: „verzichtbar"; V. *Götz*, Allgemeines Polizei- und Ordnungsrecht, Rdnr. 300: „entbehrlich"; siehe auch *W.-R. Schenke*, in: U. Steiner (Hrsg.), Besonderes Verwaltungsrecht, Rdnr. 304; *R. Pietzner*, VerwArchiv Bd. 84 [1993], 261 (264 Fn. 12); *Ch. Gusy*, JA 1990, 296 (297 Fn. 7).

[150] Siehe *K. Habermehl*, Polizei- und Ordnungsrecht, Rdnr. 737, der mit Recht darauf hinweist, daß in diesen Fällen der Hinweis auf die vermeintlich identischen Insti-

I. Zur Abgrenzung von unmittelbarer Ausführung und sofortigem Vollzug

Da sich der Landesgesetzgeber bei der Regelung der unmittelbaren Ausführung und des sofortigen Vollzugs ersichtlich an den Begrifflichkeiten des MEPolG orientiert hat[151], sollen beide Sofortmaßnahmen und deren Unterscheidungsmerkmale am Beispiel des MEPolG dargestellt und herausgearbeitet werden. Nach § 5a Abs. 1 MEPolG kann die Polizei eine Maßnahme selbst oder durch einen Beauftragten unmittelbar ausführen, wenn der Zweck der Maßnahme durch Inanspruchnahme der polizeirechtlichen Störer nicht oder nicht rechtzeitig erreicht werden kann; der von der Maßnahme Betroffene ist unverzüglich zu unterrichten. § 28 Abs. 2 MEPolG regelt den sofortigen Vollzug im Abschnitt über die Anwendung von Verwaltungszwang. Danach kann Verwaltungszwang ohne vorausgehenden Verwaltungsakt angewendet werden, wenn das zur Abwehr einer Gefahr notwendig ist, insbesondere weil Maßnahmen gegen Störer oder Notstandspflichtige nicht oder nicht rechtzeitig möglich sind oder keinen Erfolg versprechen. Vergleicht man beide Vorschriften, so ergeben sich folgende Übereinstimmungen zwischen den Instituten der unmittelbaren Ausführung und des sofortigen Vollzugs. Beide Normen ermöglichen zum einen ein polizeiliches oder ordnungsbehördliches Vorgehen ohne vorausgehenden Grundverwaltungsakt; zum anderen wird der für die Anwendung von Sofortmaßnahmen erforderliche Eilbedarf dahingehend konkretisiert, daß ein entsprechender Grundverwaltungsakt nicht oder nicht rechtzeitig möglich ist. Unterschiede zwischen beiden Normen bestehen in vierfacher Hinsicht. *Erstens* ist nur in § 28 Abs. 2 MEPolG - in Übereinstimmung mit seiner systematischen Stellung innerhalb der Vorschriften über den Verwaltungszwang - von „Verwaltungszwang" die Rede. *Zweitens*: Zur Begründung des Eilfalls verlangt § 5a MEPolG, daß eine Inanspruchnahme des Verhaltens- oder Zustandsstörers nicht möglich ist, während § 28 Abs. 2 MEPolG in diese Subsidiaritätsklausel neben den Störern auch den Notstandspflichtigen miteinbezieht. *Drittens*: § 5a MEPolG gebietet lediglich, daß der polizeiliche Zweck durch Inanspruchnahme des Störers „nicht oder nicht rechtzeitig" erreicht werden kann, während § 28 Abs. 2 MEPolG zusätzlich den Fall erfaßt, daß solche Maßnahmen „keinen Erfolg versprechen". *Viertens*: Nur bei einem behördlichen Vorgehen im Wege der unmittelbaren Ausführung ist der Betroffene „unverzüglich zu unterrichten"; demgegenüber sieht § 28 Abs. 2 MEPolG wenigstens explizit keine solche Unterrichtungspflicht vor.

---

tute nicht genügt, sondern brauchbare Kriterien zur Abgrenzung ihrer Anwendungsbereiche zu entwickeln sind.
[151] Vgl. Art. 9 Abs. 1, 53 Abs. 2 PAGBay; §§ 15 Abs. 1 ASOG Bln, 5 Abs. 2 VwVfGBln, 6 Abs. 2 BVwVG; §§ 8 Abs. 1, 53 Abs. 2 VGPolGBbg; §§ 8 Abs. 1, 47 Abs. 2 HSOG; §§ 6 Abs. 1 POGRh-Pf., 61 Abs. 2 VwVGRh-Pf; §§ 9 Abs. 1, 53 Abs. 2 SOGLSA; §§ 9 Abs. 1, 51 Abs. 2 PAGThür.

Unternimmt man nun den Versuch, diese Unterschiede für die Konturierung von unmittelbarer Ausführung und sofortigem Vollzug sowie deren Abgrenzung fruchtbar zu machen, so ließe sich aus der in § 5a Abs. 1 S. 2 MEPolG niedergelegten Unterrichtungspflicht zunächst die Schlußfolgerung ziehen, daß die unmittelbare Ausführung einer Maßnahme nur bei Abwesenheit des Verantwortlichen möglich ist[152]. Indes steht diese mögliche Deutung des § 5a Abs. 1 S. 2 MEPolG auf recht wackeligen Beinen. Ebenso könnte man den Standpunkt einnehmen, daß die durch diese Vorschrift begründete Unterrichtungspflicht nur bei Abwesenheit des Betroffenen zum Tragen gelangt, ohne damit das Institut der unmittelbaren Ausführung insgesamt zugleich auf diese Fälle zu reduzieren. Vor allem aber ist diese Bestimmung von vornherein nicht geeignet, den Anwendungsbereich der unmittelbaren Ausführung gegenüber dem des sofortigen Vollzugs abzugrenzen. Denn ein Vorgehen im Wege des sofortigen Vollzugs verlangt ebenso wie § 5a Abs. 1 MEPolG, daß Maßnahmen gegen den Störer nicht oder nicht rechtzeitig möglich sind. Der sofortige Vollzug betrifft daher auch und gerade die Fälle, in denen der Betroffene nicht anwesend ist und seine Inanspruchnahme aus diesem Grunde ausscheiden muß.

Die anderen Differenzierungsmerkmale vermögen indes die Konturen beider Institute sichtbar werden zu lassen und ihre Anwendungsbereiche gegeneinander abzuschichten. Um es vorwegzunehmen: Der sofortige Vollzug im Sinne des § 28 Abs. 2 MEPolG trägt die Züge einer Zwangsmaßnahme und gelangt immer dann zur Anwendung, wenn es um die Beugung eines (auch nur mutmaßlich) entgegenstehenden Willens des Betroffenen geht. Demgegenüber fehlt es der unmittelbaren Ausführung des § 5a MEPolG an einem solchen Zwangscharakter; dieses Institut greift immer dann ein, wenn die zur Gefahrenabwehr erforderlichen Maßnahmen mit dem (mutmaßlichen) Willen des Betroffenen und in seinem Interesse getroffen werden, vor allem also bei Rettungsmaßnahmen ohne Eingriffs- und Zwangscharakter[153]. Dieses Auslegungs- und Abgrenzungsergebnis beruht in erster Linie auf der systematischen Stellung des Instituts des sofortigen Vollzugs innerhalb der Vorschriften über den Verwaltungszwang sowie auf dem Wortlaut des § 28 MEPolG, in dem von „Verwaltungszwang" ausdrücklich die Rede ist. Die Anwendung von Zwang

---

[152] Vgl. zu diesem Gedankengang *A. Schmitt-Kammler*, NWVBL 1989, 389 (392).
[153] In diesem Sinne vgl. *M. App*, Verwaltungsvollstreckungsrecht, Rdnr. 645; *E. Denninger*, in: H. Lisken / E. Denninger, Handbuch des Polizeirechts, E Rdnr. 132; *K. Habermehl*, Polizei- und Ordnungsrecht, Rdnr. 737; *F.-L. Knemeyer*, Polizei- und Ordnungsrecht, Rdnr. 279; *H. Maurer*, Allgemeines Verwaltungsrecht, § 20 Rdnr. 25; *W.-R. Schenke*, in: U. Steiner (Hrsg.), Besonderes Verwaltungsrecht, Rdnr. 304; siehe auch VGH Kassel, DVBl. 1995, 370, der das polizeiliche Vorgehen bei einem Streunen eines Hundes als einen Fall der unmittelbaren Ausführung ansieht.

I. Zur Abgrenzung von unmittelbarer Ausführung und sofortigem Vollzug

setzt die Überwindung eines entgegengesetzten Willens voraus. Wer mit den zur Gefahrenabwehr erforderlichen Maßnahmen einverstanden ist und hierzu sein, wenn auch nur vermutetes placet gegeben hat, muß nicht mehr zu einer bestimmten Verhaltensweise gezwungen werden. Zwang setzt die fremdbestimmte, autoritative Festsetzung bestimmter Ziele voraus und entfällt immer dann, wenn mit dem Willen und im Interesse des Betroffenen gehandelt wird. Dagegen läßt sich auch nicht argumentieren, daß in den Fällen einer Abwesenheit des Betroffenen, die § 28 Abs. 2 MEPolG zumindest auch im Auge hat („nicht oder nicht rechtzeitig erreichbar"), von einer Willensbeugung nicht die Rede sein könne, weil der Wille eines nicht Anwesenden nicht beeinflußbar sei[154]. Denn bei Abwesenheit des Betroffenen ist auf den mutmaßlichen Willen und sein mutmaßliches Interesse abzustellen. Es ist also zu fragen, ob die zu treffende Maßnahme mit seinem Willen und in seinem Interesse erfolgt oder nicht. Entspricht die Maßnahme nicht seiner Willens- und Interessenlage, kann von der Beugung eines (mutmaßlichen) Willens und damit von der Anwendung von Zwang gesprochen werden.

Zur Untermauerung dieser auf systematischen und grammatikalischen Überlegungen gestützten Deutung, welche die Willens- und Interessenlage des Betroffenen zum entscheidenden Maßstab für die Abgrenzung zwischen unmittelbarer Ausführung und sofortigem Vollzug macht, könnte man weiter ins Feld führen, daß § 28 Abs. 2 MEPolG einen die Eilvoraussetzungen gegenüber § 5a MEPolG modifizierenden Zusatz enthält. Während § 5a MEPolG die Durchführung einer unmittelbaren Ausführung nur dann erlaubt, wenn Maßnahmen gegen Störer „nicht oder nicht rechtzeitig" möglich sind, erweitert § 28 Abs. 2 MEPolG die Anwendungsmöglichkeit des Instituts des sofortigen Vollzugs durch den Zusatz „oder keinen Erfolg versprechen". Damit könnte § 28 Abs. 2 MEPolG den - den Charakter dieser Vorschrift als Verwaltungszwang bestätigenden - Fall betreffen, in dem der Betroffene zwar am Ort des Geschehens anwesend oder aber ohne nennenswerten Zeitverlust erreichbar ist, er allerdings deutlich zu verstehen gibt, daß er einer entsprechenden behördlichen Anordnung nicht Folge leisten wolle; in diesem Falle würde eine entsprechende Grundverfügung „keinen Erfolg versprechen", so daß unmittelbar, d.h. ohne Grundverwaltungsakt, zwangsweise gegen ihn vorgegangen werden dürfte. Die Wendung „keinen Erfolg versprechen" setzt indes keinesfalls zwingend Maßnahmen mit Eingriffs- und Zwangscharakter voraus. Maßnahmen sind auch dann nicht erfolgversprechend, wenn der Verantwortliche nicht in der Lage ist, den Gefahrenabwehrerfolg selbst herbeizuführen, wie etwa die Beispiele der Rettungsmaßnahmen zeigen, in denen der Betroffene zwar die Maßnahme noch wahrzunehmen in der Lage ist, sich selbst aber

---

[154] So aber *A. Schmitt-Kammler*, NWVBL 1989, 389 (393).

nicht mehr helfen könnte[155]. In diesem Fall zeitigen entsprechende Maßnahmen keine Eingriffs- und Zwangswirkung, so daß die Wendung „keinen Erfolg versprechen" nicht als weiterer Beleggrund für eine Interpretation des § 28 Abs. 2 MEPolG als Vorschrift des Verwaltungszwangs herangezogen werden kann, die notwendigerweise die Überwindung eines entgegenstehenden Willens des Betroffenen erfordert.

Allerdings erhält die im Kriterium der Willensbeugung liegende Trennlinie zwischen unmittelbarer Ausführung und sofortigem Vollzug eine weitere argumentative Stärkung durch den Umstand, daß § 28 Abs. 2 MEPolG die fehlende Inanspruchnahmemöglichkeit der Störer *und* des Notstandspflichtigen zur Zulässigkeitsvoraussetzung für die Anwendung des sofortigen Vollzugs macht, während sich das Institut der unmittelbaren Ausführung nach § 5a MEPolG insoweit allein auf den ordnungsrechtlichen Störer bezieht. Damit kommt zum Ausdruck, daß der sofortige Vollzug im Gegensatz zur unmittelbaren Ausführung durch die Überwindung eines entgegengesetzten Willens des Pflichtigen gekennzeichnet ist und in diesem Merkmal seinen zentralen Wesenszug findet. Denn ein entgegenstehender, zwangsweise zu brechender Wille kann nicht nur beim Verursacher, sondern auch beim Nichtstörer auftreten. Daher muß dem Störer und erst recht dem Notstandspflichtigen, dem die abzuwehrende Gefahr nicht zugerechnet werden kann, zunächst einmal durch Verfügung die Möglichkeit zur Gefahrenbeseitigung eingeräumt werden, bevor die Behörde den entgegenstehenden Willen im Wege des sofortigen Vollzugs zwangsweise beugen darf[156]. Deshalb verlangt § 28 Abs. 2 MEPolG, daß eine solche Inanspruchnahme der Störer und Notstandspflichtigen nicht in Frage kommt. Welche Rückschlüsse lassen sich nun aus § 5a MEPolG ziehen, welcher im Gegensatz hierzu die Voraussetzung fehlender Inanspruchnahmemöglichkeit auf den Kreis der Störer reduziert und die Notstandspflichtigen hiervon ausklammert?

Sofern die unmittelbare Ausführung zumindest auch die Fälle der Willensbeugung erfaßte, machte es schlechthin keinen Sinn, das Erfordernis mangelnder Inanspruchnahmemöglichkeit über die Personen der Störer hinaus auch auf den Nichtstörer zu erstrecken, der dem Gefahrentatbestand viel ferner steht als der Störer und dem daher erst recht die Möglichkeit gewährt werden müß-

---

[155] Als weiteres Beispiel soll hier der von *A. Schmitt-Kammler*, NWVBL 1989, 389 (392) gebildete Fall eines gebrechlichen Hundehalters, der ersichtlich die Herrschaft über seine Riesendogge verloren hat, angeführt werden.

[156] Zur Ratio der Subsidiaritätsklausel beim sofortigen Vollzug und bei der unmittelbaren Ausführung vgl. *H. Gersdorf*, Die Subsidiaritätsklausel des Instituts der unmittelbaren Ausführung, NVwZ 1995, 2. Halbjahr.

I. Zur Abgrenzung von unmittelbarer Ausführung und sofortigem Vollzug 57

te, den Gefahrentatbestand durch eigenes Zutun zu beseitigen[157]. Da aber § 5a MEPolG den Nichtstörer gerade nicht erwähnt, ist hieraus zwingend der Umkehrschluß abzuleiten, daß die unmittelbare Ausführung die Fälle der Willensbeugung überhaupt nicht, auch nicht nur ergänzend erfaßt. Vielmehr betrifft die unmittelbare Ausführung allein die Fälle, in denen die Behörde Maßnahmen ergreift, die von dem (mutmaßlichen) Willen des Betroffenen getragen sind und in seinem Interesse stehen (Rettungsmaßnahmen etc.). Bei einer solchen Auslegung erhält die in § 5a MEPolG vorgenommene Differenzierung zwischen Störern und Notstandspflichtigen einen spezifischen Sinn. Denn eine im Interesse des Betroffenen liegende Geschäftsbesorgung setzt die Zurechenbarkeit des entsprechenden Gefahrentatbestands voraus. Nur soweit der Betroffene die zu überwindende Gefahr selbst verursacht hat, können die zur Gefahrenabwehr erforderlichen Maßnahmen seinem spezifischen Interesse dienen. Demgegenüber kann der Notstandspflichtige, dem die abzuwehrende Gefahr nicht zugerechnet werden kann, an ihrer Beseitigung auch kein spezifisches Interesse haben. Es besteht also ein Zurechnungszusammenhang zwischen der Verursachung der Gefahr und dem Interesse an ihrer Beseitigung. Deshalb verlangt § 5a MEPolG für die Durchführung einer unmittelbaren Ausführung auch nicht, daß Maßnahmen gegen Notstandspflichtige zur Gefahrenabwehr ungeeignet sein müssen, sondern bezieht dieses Erfordernis fehlender Inanspruchnahmemöglichkeit allein auf den Kreis der Störer[158].

---

[157] Siehe hierzu *H. Gersdorf* (Fn. 156).

[158] Abzulehnen, weil zu undifferenziert, ist die Auffassung, nach der über den Wortlaut des § 5a MEPolG hinaus die unmittelbare Ausführung *in jedem Fall* auch gegenüber dem Nichtstörer möglich sein soll (vgl. etwa *E. Denninger*, in: H. Lisken / E. Denninger, Handbuch des Polizeirechts, E Rdnr. 136; *W.-R. Schenke*, in: U. Steiner (Hrsg.), Besonderes Verwaltungsrecht, Rdnr. 308; *K. Vogel*, in: ders. / W. Martens, Gefahrenabwehr, S. 441): Auf der Grundlage der Trennung beider Sofortmaßnahmen, d.h. der gesonderten Regelung von unmittelbarer Ausführung einerseits (§ 5a MEPolG) und sofortigem Vollzug andererseits (§ 28 Abs. 2 MEPolG), ist eine derartige Erweiterung des Anwendungsfeldes der unmittelbaren Ausführung unzulässig; denn die unmittelbare Ausführung erfaßt unter systematischen und grammatikalischen Gesichtspunkten allein die Maßnahmen ohne Eingriffs- und Zwangscharakter und ist gegenüber Nichtstörern deshalb ausgeschlossen, weil ihnen gegenüber entsprechende Gefahrenabwehrmaßnahmen belastende, (grund-) rechtsbeeinträchtigende Wirkungen zeitigen; derartige Sofortmaßnahmen mit Beugecharakter unterfallen ausschließlich dem Institut des sofortigen Vollzugs (widersprüchlich insoweit *E. Denninger*, in: H. Lisken / E. Denninger, Handbuch des Polizeirechts, E Rdnr. 132; *W.-R. Schenke*, in: U. Steiner (Hrsg.), Besonderes Verwaltungsrecht, Rdnr. 304, die beide selbst das Kriterium der Willensbeugung zum Abgrenzungsmaßstab für die Institute der Sofortmaßnahmen machen und infolgedessen Sofortmaßnahmen mit Eingriffs- und Zwangswirkung nicht, auch nicht ergänzend der unmittelbaren Ausführung, sondern *allein* dem

Nach alledem kann im Ergebnis festgehalten werden, daß § 28 Abs. 2 MEPolG die Fälle der Überwindung eines entgegenstehenden Willens des Pflichtigen betrifft, während es bei § 5a MEPolG nicht um solche Konstellationen der Willensbeugung geht, sondern um Maßnahmen ohne Eingriffs- und Zwangscharakter, also um Maßnahmen, die gerade mit dem (mutmaßlichen) Willen und im Interesse des Betroffenen erfolgen.

II. Rechtliche Einordnung der Sofortmaßnahmen im System des formellen Vollstreckungsrechts und des materiellen Polizei- und Ordnungsrechts

Nachdem Struktur und Anwendungsfälle der Sofortmaßnahmen ausführlich erörtert wurden, ist nunmehr der Weg frei, ihre Stellung im System des formellen Verwaltungsvollstreckungsrechts und des materiellen Polizei- und Ordnungsrechts festzulegen. Da das Recht der Sofortmaßnahmen unterschiedlich ausgestaltet ist, teilweise die unmittelbare Ausführung oder nur der Sofortvollzug gesetzlich geregelt ist, teilweise aber auch beide Sofortmaßnahmen vorgesehen sind, läßt sich diese Zuordnung nicht nach einem und demselben Muster vornehmen. Vielmehr bedarf es einer differenzierenden Betrachtung, welche die rechtliche Verortung der Sofortmaßnahmen im Lichte der ihnen zukommenden divergierenden Funktionen vorzunehmen versucht. Die Funktionsunterschiede der Sofortmaßnahmen gebieten einen unbedingten Verzicht auf eine nivellierende, diese Verschiedenheiten vernachlässigende Einheitslösung zugunsten eines ausdifferenzierten Zuordnungsmodells, das auf die jeweiligen Funktionsgesetzlichkeiten bezogen ist und nach Maßgabe ihrer spezifischen Unterschiede zu differenzieren versucht[159].

Sofortvollzug unterstellen müßten). Sofern hingegen das Vollstreckungsrecht ausschließlich die unmittelbare Ausführung als Sofortmaßnahme vorsieht (vgl. § 19 Abs. 2 BGSG; § 8 Abs. 1 PolGBad-Württ; § 7 Abs. 1 HmbSOG; § 6 Abs. 1 SächsPolG), muß sich dieses Institut in der Tat auch auf den Nichtstörer beziehen (vgl. *Th. Würtenberger / D. Heckmann / R. Riggert*, Polizeirecht in Baden-Württemberg, Rdnr. 510; mit ausführlicher Begründung *H. Gersdorf* [Fn. 156]).

[159] Wegen dieser Funktionsdifferenzen innerhalb des Systems der Sofortmaßnahmen muß es die Zuordnungsproblematik in unzulässiger Weise verkürzen, wenn man etwa das Institut der unmittelbaren Ausführung schlechthin entweder als Maßnahme der Verwaltungsvollstreckung oder aber als Maßnahme sui generis zu begreifen versucht (so aber die Einordnungsversuche von *K.-H. Kästner*, JuS 1994, 361 [363 f.]): Da es keine einheitliche gesetzliche Ausformung der unmittelbaren Ausführung gibt, sondern die Funktion dieses Instituts nach Maßgabe gesetzlicher Ausgestaltung differiert, läßt es sich auch nicht einer bestimmten, einheitlichen Rechtskategorie zuordnen.

II. Rechtliche Einordnung der Sofortmaßnahmen

Keine Probleme wirft die rechtliche Behandlung derjenigen Fälle auf, in denen ein Grundverwaltungsakt durch Rückgriff auf das Recht der Sofortmaßnahmen vollstreckt wird[160]. In diesen Ausnahmefällen vermögen die Sofortmaßnahmen die Lücken im Recht des mehraktigen Verwaltungsvollstreckungsverfahrens zu schließen, indem sie jenes das gestreckte mehraktige Verfahren kennzeichnende Erfordernis der Vollstreckbarkeit der Grundverfügung und / oder des Vorliegens der besonderen Vollstreckungsvoraussetzungen zu überwinden helfen. Die Sofortmaßnahmen erfüllen in diesem Falle eine Kompensations- und Surrogatfunktion, welche die Lücken im Recht des mehraktigen Verwaltungsvollstreckungsrechts auszufüllen versucht, das entweder überhaupt kein[161] oder aber ein nur unzureichend ausgestaltetes[162] abgekürztes Vollstreckungsverfahren bereitstellt. In diesem Fall wird eine zur Gefahrenabwehr zuvor ergangene Grundverfügung vollstreckt, so daß es sich bei derartigen Sofortmaßnahmen unzweifelhaft um Verwaltungsvollstreckung im funktionellen Sinne handelt.

Abgesehen von diesem Ausnahmefall bereitet die rechtliche Einordnung der Sofortmaßnahmen indes nicht nur unerhebliche Schwierigkeiten. Diese besonderen Schwierigkeiten gründen darauf, daß im Wege der Sofortmaßnahmen regelmäßig einaktig, d.h. ohne vorausgehenden Grundverwaltungsakt gegen den Betroffenen vorgegangen wird. Verlangt man für die Verwaltungsvollstreckung stets eine den Titel für die Vollstreckung vermittelnde Grundverfügung, setzt man also Verwaltungsvollstreckung mit der zwangsweisen Durchsetzung eines entsprechenden Grundverwaltungsakts gleich, so könnten die Sofortmaßnahmen dem Vollstreckungsrecht nicht zugeordnet werden[163]. Man könnte allerdings auch für einen erweiterten Vollstreckungsbegriff plä-

---

[160] Vgl. zu dieser Konstellation oben unter C. II. bei Fn. 52 (S. 23).
[161] Vgl. §§ 13 Abs. 1 S. 1 i.V.m. 6 Abs. 2 BVwVG; §§ 5 Abs. 2 VwVfGBln, 13 Abs. 1 S. 1 i.V.m. 6 Abs. 2 BVwVG; §§ 40 Abs. 1 BremPolG, 17 Abs. 1 i.V.m. 11 Abs. 2 BremVwVG.
[162] Vgl. Art. 59 Abs. 1 S. 3 PAGBay, Art. 35 VwZVGBay; §§ 58 Abs. 1 S. 3 VGPolGBbg, 23 Abs. 1 VwVGBbg; §§ 56 Abs. 1 S. 3, 61 Abs. 1 S. 2 PolGNW, 63 Abs. 2 VwVGNW; §§ 70, Abs. 1 S. 2, 74 Abs. 1 S. 2 NGefAG; §§ 50 Abs. 1 S. 3, 54 Abs. 1 S. 2 SPolG, 19 Abs. 1 S. 1 SVwVG; §§ 59 Abs. 1 S. 3, 63 Abs. 1 S. 2 SOG-LSA; §§ 32 Abs. 2 S. 2 SächsPolG, 21 SächsVwVG; §§ 56 Abs. 1 S. 3 POGRh-Pf, 66 Abs. 1 S. 1 VwVGRh-Pf.
[163] So explizit *M. App*, Verwaltungsvollstreckungsrecht, Rdnr. 645; *M. Oldiges*, JuS 1989, 616 (619); vgl. ebenso *H. Maurer*, Allgemeines Verwaltungsrecht, § 20 Rdnr. 2, stellvertretend für viele mit einem restriktiven Verständnis der Verwaltungsvollstreckung: „Damit wird der Verwaltungsakt auch zum Zentralbegriff des Verwaltungsvollstreckungsrechts. Nur wenn und soweit die Verwaltung befugt ist, verwaltungsrechtliche Ansprüche durch Verwaltungsakt zu bestimmen, kommt eine verwaltungsrechtliche Vollstreckung in Betracht".

dieren, wonach die Durchsetzung eines durch Grundverfügung dem Pflichtigen auferlegten Handlungs-, Duldungs- oder Unterlassungsgebots kein unerläßliches Begriffsmerkmal mehr ist, sondern es statt dessen entscheidend auf den Aspekt der Willensbeugung ankommt[164].

Soll die Lösung dieses Problemkreises nicht eine Frage reiner Begrifflichkeit sein, so muß man sich zunächst die Eigenart des Vollstreckungsrechts in Erinnerung rufen. Das mehraktige Verwaltungsvollstreckungsverfahren bildet den Regeltypus des Vollstreckungsverfahrens, dessen Anfang im Erlaß eines Grundverwaltungsakts liegt und das mit der Anwendung von Zwangsmitteln abgeschlossen wird. Durch die Anwendung des Zwangsmittels wird die durch den Grundverwaltungsakt begründete behördliche Anordnung zwangsweise durchgesetzt und auf diese Weise der entgegenstehende Wille des Pflichtigen gebeugt. Der spezifische Sinn der Grundverfügung und der weiteren Vollstreckungsakte (Androhung und Fristsetzung) besteht darin, Einfluß auf den Willen des Pflichtigen zu gewinnen und ihm die Möglichkeit zu geben, die zwangsweise Beugung seines Willens durch Pflichterfüllung zu verhindern. Im Interesse einer wirksamen Gefahrenabwehr muß zuweilen diese Kette des gestreckten mehraktigen Verfahrens um einzelne Glieder verkürzt und der Verwaltung ein „Notrecht"[165] eingeräumt werden, auch ohne Vorliegen der besonderen Vollstreckungsvoraussetzungen (abgekürztes Verfahren) oder sogar ohne Grundverwaltungsakt (einaktiges Verfahren) zur Tat zu schreiten und Verwaltungszwang anzuwenden. Die Zwischenglieder des gestreckten mehraktigen Verfahrens dienen lediglich der Schonung individueller Belange und helfen auf diese Weise, die Anwendung von Verwaltungszwang in Konkretisierung des Grundsatzes der Verhältnismäßigkeit auf das unbedingt erforderliche Maß zu beschränken. Diese Unterschiede ändern freilich nichts daran, daß es in sämtlichen Fällen, also beim gestreckten sowie beim abgekürzten mehraktigen Verfahren und beim einaktigen Verfahren, um die Durchsetzung bestimmter behördlicher Ziele geht, zu dessen Zwecke der entgegenstehende Wille des Betroffenen durch Anwendung von Zwangsmitteln gebeugt wird. Sie sind allesamt auf ein und dasselbe Ziel gerichtet: den Gefahrenabwehrerfolg durch Beugung eines entgegenstehenden Willens zu erzielen. Daß beim mehraktigen Verfahren der entgegenstehende und zu überwindende Wille des Betroffenen aktualisiert ist, während es hieran beim einaktigen Verfahren fehlt, liegt an dem das mehraktige Verfahren kennzeichnenden Grundverwaltungsakt, welcher sowohl das zu vollstreckende Verhaltensgebot als auch die Person des Pflichtigen konkretisiert. Beim mehraktigen Verfahren wird ein aktuell entgegenstehender Wille gebeugt, während es beim einaktigen Verfahren um

---

[164] Vgl. in diesem Sinne *K. Habermehl*, Polizei- und Ordnungsrecht, Rdnr. 738; siehe auch *J. Dietlein*, NWVBL 1991, 81 (84 f.).

[165] *R. Pietzner*, VerwArchiv Bd. 82 [1991], 291 (292).

die Überwindung eines nur mutmaßlich entgegenstehenden Willens des Betroffenen geht. Kennzeichnend für beide Verfahrenstypen ist indes die Beugung eines konkret oder mutmaßlich entgegenstehenden Willens des Betroffenen, welche sich in dem Eingriffs- und Zwangscharakter der Maßnahme manifestiert[166]. Mit anderen Worten: Das mehraktige und einaktige Verfahren sind funktional austauschbare Verfahrenstypen, die sich nur im Modus, nicht aber in ihrer Funktion voneinander unterscheiden.

Fazit: Solange und soweit die Sofortmaßnahmen zur Beugung eines (mutmaßlich) entgegenstehenden Willens eingesetzt werden, die Maßnahmen also Eingriffs- und Zwangscharakter haben, sind sie auf der Grundlage des hier vertretenen funktionalen Verständnisses des Verwaltungsvollstreckungsrechts dem Bereich der Verwaltungsvollstreckung zuzuordnen. Sofern rechtlich nur eine Erscheinungsform der Sofortmaßnahmen, also entweder die unmittelbare Ausführung oder der sofortige Vollzug, geregelt ist, unterfallen sämtliche Sofortmaßnahmen mit Beugecharakter dem Bereich der Verwaltungsvollstreckung. In denjenigen Ländern, die beide Sofortmaßnahmen nebeneinander regeln, ist hingegen nur der sofortige Vollzug, nicht aber die unmittelbare Ausführung dem Verwaltungsvollstreckungsrecht zuzuordnen.

Neben diesen Anwendungsfällen der Sofortmaßnahmen gibt es noch eine dritte Kategorie, die unzweifelhaft nicht dem Bereich des Verwaltungsvollstreckungsrechts zugerechnet werden kann. Sofern zum Zwecke der Gefahrenabwehr Sofortmaßnahmen getroffen werden, die von dem mutmaßlichen Willen des Betroffenen gedeckt sind und in seinem Interesse liegen, liegt kein Fall des Vollstreckungsrechts vor. Derartige Maßnahmen weisen keinerlei Elemente der das Verwaltungsvollstreckungsrecht prägenden Willensbeugung auf. Als Maßnahmen ohne Eingriffs- und Zwangscharakter handelt es sich um eine spezialgesetzlich geregelte Form der öffentlich-rechtlichen Geschäftsführung ohne Auftrag[167], die systematisch dem Bereich des materiellen Rechts der Gefahrenabwehr, also dem Polizei- und Ordnungsrecht angehört. Ihrer Regelung bedürfte es unter dem Blickwinkel des Grundsatzes vom Vorbehalt des Gesetzes mangels grundrechtsbeschränkender Wirkung im Grunde genommen nicht[168]. Der spezifische Sinn der gesonderten Regelung liegt allein darin, die

---

[166] Daher befindet sich der sofortige Vollzug des § 28 Abs. 2 MEPolG ebenso wie das gestreckte mehraktige Verfahren (§§ 28 Abs. 1, 34 MEPolG) in den Vorschriften über die Anwendung von Verwaltungszwang der §§ 28 ff. MEPolG.

[167] A.A. *K.-H. Kästner*, JuS 1994, 361 (364), der die unmittelbare Ausführung als „Maßnahme sui generis" versteht; zu diesem zu wenig differenzierenden Zuordnungsversuch vgl. bereits die Ausführungen bei und in Fn. 159 (S. 58).

[168] *K. Vogel*, in: ders. / W. Martens, Gefahrenabwehr, S. 442; *U. Stephan*, VBlBW 1985, 121 (123).

Behörde zu ermächtigen, die Kosten für die Sofortmaßnahmen dem Pflichtigen in Rechnung zu stellen[169] und diese Kosten im Verwaltungszwangsverfahren beizutreiben[170]. Auf der Grundlage einer parallelen Regelung beider Sofortmaßnahmen, also der unmittelbaren Ausführung *und* des sofortiges Vollzugs, unterfällt das Institut der unmittelbaren Ausführung dieser Kategorie und ist deshalb systematisch dem materiellen Polizei- und Ordnungsrecht zuzuordnen, während in den Fällen der alternativen Regelung auf den Charakter der Sofortmaßnahme im konkreten Einzelfall abgestellt werden muß. Soweit die im Wege der unmittelbaren Ausführung oder des Sofortvollzugs getroffenen Maßnahmen keinen Eingriffs- und Zwangscharakter haben, gehören derartige Sofortmaßnahmen als gesetzlich geregelte Form der öffentlich-rechtlichen Geschäftsführung ohne Auftrag zum materiellen Polizei- und Ordnungsrecht.

III. Maßstabsnorm der Rechtmäßigkeitsüberprüfung des fingierten Grundverwaltungsakts bei den Sofortmaßnahmen

Einigkeit besteht darüber, daß die im Wege des einaktigen Verfahrens getroffenen Sofortmaßnahmen nur dann zulässig sind, wenn sämtliche Voraussetzungen vorliegen, welche die Behörde berechtigen würden, eine entsprechende Verfügung gegen den Betroffenen zu erlassen. Zu diesem Zwecke der rechtlichen Überprüfung des behördlichen Vorgehens wird die realiter nicht vorliegende Grundverfügung fingiert[171]. Dieser fingierte oder hypothetische Grundverwaltungsakt muß formell und materiell rechtmäßig sein[172].

---

[169] Vgl. für den Bereich der unmittelbaren Ausführung § 5a Abs. 2 MEPolG; § 19 Abs. 2 BGSG; § 8 Abs. 2 PolGBad-Württ; Art. 9 Abs. 2 PAGBay; § 15 Abs. 2 und 3 ASOGBln; § 8 Abs. 2 VGPolGBbg; § 7 Abs. 3 HmbSOG; § 8 Abs. 2 HSOG; § 9 Abs. 2 SOGLSA; § 6 Abs. 2 SächsPolG; § 6 Abs. 2 POGRh-Pf; § 9 Abs. 2 PAGThür.

[170] Siehe *U. Stephan*, Allgemeines Polizeirecht in Baden-Württemberg, S. 86 f.; dens., VBlBW 1985, 121 (123); *H. Wolf / U. Stephan*, Polizeigesetz für Baden-Württemberg, § 8 Rdnr. 3; *K. Vogel*, in: ders. / W. Martens, Gefahrenabwehr, S. 442.

[171] *Th. Würtenberger / D. Heckmann / R. Riggert*, Polizeirecht in Baden-Württemberg, Rdnr. 508.

[172] Vgl. statt aller *M. App*, Verwaltungsvollstreckungsrecht, Rdnr. 646; *V. Götz*, Allgemeines Polizei- und Ordnungsrecht, Rdnr. 301; *Ch. Gusy*, JA 1990, 296 (297); *K. Habermehl*, Polizei- und Ordnungsrecht, Rdnr. 739; *W. Hoffmann-Riem*, in: ders. / H.-J. Koch (Hrsg.), HmbStVwR, S. 224 (253); *K.-H. Kästner*, JuS 1994, 361 (363 und 364); *P. Kirchhof*, JuS 1975, 509 (511); *F.-L. Knemeyer*, Polizei- und Ordnungsrecht, Rdnr. 279; *H. Maurer*, Allgemeines Verwaltungsrecht, § 20 Rdnr. 25; *Th. Würtenberger / D. Heckmann / R. Riggert*, Polizeirecht in Baden-Württemberg, Rdnr. 508; *J. Vahle*, Vollstreckung und Rechtsschutz im Verwaltungsrecht, Rdnr. 50.

III. Maßstabsnorm der Rechtmäßigkeitsüberprüfung

Damit ist indes noch nicht die Frage beantwortet, nach welchen Vorschriften sich die Rechtmäßigkeit der fingierten oder hypothetischen Grundverfügung bestimmt. Diese Frage stellt sich freilich in den meisten Fällen nicht, weil die Vorschriften über die Sofortmaßnahmen regelmäßig keine oder zumindest keine detaillierten Aussagen über die Rechtmäßigkeit des fingierten Grundverwaltungsakts enthalten[173]; lediglich in den Vorschriften über den sofortigen Vollzug ist lapidar von der Abwehr einer „Gefahr" die Rede[174]. Nur § 7 Abs. 1 HmbSOG macht hiervon eine Ausnahme. Danach darf im Wege der unmittelbaren Ausführung eine Maßnahme nur getroffen werden, „wenn auf andere Weise eine unmittelbar bevorstehende Gefahr für die öffentliche Sicherheit oder Ordnung nicht abgewehrt oder eine Störung der öffentlichen Sicherheit oder Ordnung nicht beseitigt werden kann". Diese dezidierte, an die polizeiliche Generalklausel des § 3 Abs. 1 HmbSOG angelehnte Regelung darf aber nicht zu dem Irrglauben verleiten, sie bestimme selbst bereits die Eingriffsvoraussetzungen für die fingierte Grundverfügung[175]. Denn sie regelt ebenso wie sämtliche Vorschriften über die Sofortmaßnahmen ihrer Funktion nach nur die Voraussetzungen, unter denen die Behörde in Abweichung von dem Regelvollstreckungsverfahren ohne Grundverwaltungsakt gegen den Be-

---

[173] Vgl. §§ 5a, 28 Abs. 2 MEPolG; § 6 Abs. 2 BVwVG, § 19 BGSG; § 8 Abs. 1 PolGBad-Württ; Art. 9 Abs. 1, 53 Abs. 2 PAGBay; § 15 Abs. 1 ASOG Bln, §§ 5 Abs. 2 VwVfGBln, 6 Abs. 2 BVwVG; §§ 8 Abs. 1, 53 Abs. 2 VGPolGBbg; §§ 40 Abs. 1 BremPolG, 11 Abs. 2 BremVwVG; §§ 8 Abs. 1, 47 Abs. 2 HSOG; § 81 SOGMV; § 64 Abs. 2 NGefAG; § 50 Abs. 2 PolGNW; §§ 6 Abs. 1 POGRh-Pf., 61 Abs. 2 VwVGRh-Pf; § 44 Abs. 2 SPolG; §§ 9, 53 Abs. 2 SOGLSA; §§ 6 Abs. 1 SächsPolG; § 230 Abs. 1 LVwGSchl-H; §§ 9 Abs. 1, 51 Abs. 2 PAGThür.

[174] § 28 Abs. 2 MEPolG; § 6 Abs. 2 BVwVG; Art. 53 Abs. 2 PAGBay; §§ 5 Abs. 2 VwVfGBln, 6 Abs. 2 BVwVG; § 53 Abs. 2 VGPolGBbg; § 47 Abs. 2 HSOG; § 50 Abs. 2 PolGNW; § 81 SOGMV; § 64 Abs. 2 NGefAG; § 44 Abs. 2 SPolG; § 53 Abs. 2 SOGLSA; § 230 Abs. 1 LVwGSchl-H; § 51 Abs. 2 PAGThür.

[175] Ebenso speziell zu § 7 HmbSOG *W. Hoffmann-Riem*, in: ders. / H.-J. Koch (Hrsg.), HmbStVwR, S. 224 (253: „Zusätzlich müssen die materiell-rechtlichen Rechtmäßigkeitsvoraussetzungen einer Grundverfügung gegeben sein, d.h. selbst dann, wenn keine Grundverfügung vorliegt, müssen die Voraussetzungen erfüllt sein, unter denen sie materiell-rechtlich hätte ergehen dürfen"); siehe explizit zur unmittelbaren Ausführung des § 8 PolGBad-Württ *Th. Würtenberger / D. Heckmann / R. Riggert*, Polizeirecht in Baden-Württemberg, Rdnr. 508: „§ 8 PolG schafft keine eigene Eingriffsermächtigung"; allgemein zum Institut der unmittelbaren Ausführung *K.-H. Kästner*, JuS 1994, 361 (364: „Was die Gefahrenbekämpfung als solche anbelangt, so statuieren diese Vorschriften keine eigenständigen Eingriffsermächtigungen, sondern setzen diese voraus"); allgemein zur unmittelbaren Ausführung und zum Sofortvollzug *W. Martens*, in: K. Vogel / W. Martens, Gefahrenabwehr, S. 217: Die Rechtmäßigkeit der Sofortmaßnahmen richtet sich „allein nach den *für sie einschlägigen Ermächtigungsgrundlagen*" (Hervorhebung im Original).

troffenen vorgehen darf. Ähnlich wie bei der Regelung der Zulässigkeitsanforderungen für das abgekürzte Verfahren[176] handelt es sich insoweit allein um die Festlegung der Eilvoraussetzungen, welche die Behörde dazu legitimierten, ohne vorausgehende Grundverfügung die zur Gefahrenabwehr erforderlichen Maßnahmen zu treffen. Daher müssen die Voraussetzungen des Verwaltungsakts vorliegen, der wegen der Eilbedürftigkeit nicht erlassen zu werden braucht[177].

Mit anderen Worten: Die rechtliche Zulässigkeit des fingierten Grundverwaltungsakts bemißt sich nach der Vorschrift, die beim tatsächlichen Erlaß einer Grundverfügung hätte herangezogen werden müssen. Je nachdem, ob es sich um eine Maßnahme des Sonderordnungsrechts, um eine Standardmaßnahme oder um ein Vorgehen nach der polizeilichen Generalklausel handelt, müssen deren spezifische Rechtmäßigkeitsvoraussetzungen vorliegen. Der Bestimmung der einschlägigen Maßstabsnorm für die Überprüfung des fingierten Grundverwaltungsakts kommt immer dann besondere Bedeutung zu, wenn - wie etwa im Sonderordnungsrecht - die in Betracht kommende Ermächtigungsgrundlage eine bereichsspezifische Regelung mit besonderen, sei es engeren oder weiteren Eingriffsvoraussetzungen enthält[178].

IV. Rechtsnatur der Sofortmaßnahmen

Ein heftiger Streit kreist um die Rechtsnatur der Sofortmaßnahmen. Mit unterschiedlicher Begründung versucht man die unmittelbare Ausführung und

---

[176] Auch die Vorschrift über das abgekürzte Verfahren des § 27 HmbVwVG berechtigt - trotz des weit gefaßten Wortlautes: „Störung der öffentlichen Sicherheit oder Ordnung" und „Gefahr für die öffentliche Sicherheit oder Ordnung - nicht zur Inzidentüberprüfung der Rechtmäßigkeit des im abgekürzten mehraktigen Verfahrens vollstreckten Grundverwaltungsakts. Anderenfalls könnte der Betroffene auch nach Eintritt der Unanfechtbarkeit eines im abgekürzten Verfahren vollstreckten Grundverwaltungsakts (§ 27 HmbVwVG i.V.m. § 18 Abs. 2 HmbVwVG) dessen Rechtmäßigkeit im Rahmen der Anfechtung von Vollstreckungsakten rügen und auf diese Weise das Institut der formellen Bestandskraft von Verwaltungsakten aushebeln. § 27 HmbVwVG regelt demnach ebenso wie § 7 Abs. 1 HmbSOG ausschließlich die Eilvoraussetzungen, die vorliegen müssen, wenn die Polizei- und Ordnungskräfte im Wege des abgekürzten (§ 27 HmbVwVG) beziehungsweise einaktigen (§ 7 Abs. 1 HmbSOG) Verfahrens gegen den Betroffenen vorgehen.
[177] Vgl. V. *Götz*, Allgemeines Polizei- und Ordnungsrecht, Rdnr. 301; *H. Maurer*, Allgemeines Verwaltungsrecht, § 20 Rdnr. 25; *Th. Würtenberger / D. Heckmann / R. Riggert*, Polizeirecht in Baden-Württemberg, Rdnr. 508.
[178] Beispiel: Das Sonderordnungsrecht sieht eine gebundene Entscheidung vor, während es sich nach § 7 Abs. 1 HmbSOG um eine Ermessensentscheidung handelt.

IV. Rechtsnatur der Sofortmaßnahmen

den sofortigen Vollzug entweder als Verwaltungsakt oder als Realakt zu qualifizieren. Der Streit kann und muß hier nicht detailgenau nachgezeichnet werden. Die Erörterungen beschränken sich daher auf die Eckpunkte der Diskussion.

Nach früher herrschender Meinung sollten der zu vollstreckende (fingierte) Grundverwaltungsakt, die Androhung der Zwangsmittel, die Festsetzung und die Anwendung des Zwangsmittels in einem Akt zusammenfallen und gleichsam zu einem Verwaltungsakt verschmelzen[179]. Diese Annahme beruhte auf einer durch § 44 Abs. 1 S. 2 PrPVG begründeten Fiktion, welche das Institut der unmittelbaren Ausführung einer Polizeiverfügung gleichstellte. Damit sollten dem Betroffenen Rechtsschutzmöglichkeiten gegen Vollstreckungsmaßnahmen eröffnet werden, weil nach preußischem Polizeirecht nur gegen Polizeiverfügungen Rechtsmittel zulässig waren (§§ 44 Abs. 1, 45 Abs. 1 PrPVG)[180]. Diese Intention des § 44 Abs. 1 S. 2 PrPVG ist unter der Geltung der Rechtsschutzgarantie des Art. 19 Abs. 4 GG und der verwaltungsgerichtlichen Generalklausel des § 40 Abs. 1 VwGO gegenstandslos geworden. Da der Rechtsschutz nicht von der Verwaltungsaktqualifikation der Sofortmaßnahmen abhängig ist, sondern auch gegen hoheitliche Realakte zur Verfügung steht, ist der eigentliche Anlaß für die Charakterisierung der Sofortmaßnahmen als fingierte Verfügungen entfallen[181].

Unter Zugrundelegung dieser Einsicht können Sofortmaßnahmen nur dann als Verwaltungsakte qualifiziert und durch Widerspruch und Anfechtungsklage angegriffen werden, wenn sie die Voraussetzungen des Verwaltungsaktsbegriffs nach geltendem Verwaltungsverfahrensrecht[182] erfüllen. Von der Frage nach der Rechtsnatur der Sofortmaßnahmen ist die der Einordnung der im einaktigen Verfahren eingesetzten Zwangsmittel strikt zu unterscheiden. Insoweit werden nach den gesetzlichen Bestimmungen oftmals in gewisser

---

[179] Vgl. *E. Rasch*, Allgemeines Polizei- und Ordnungsrecht, § 5a MEPolG Rdnr. 4; siehe die ausführlichen Nachweise bei *K. Hormann*, Die Anwendung von Verwaltungszwang, S. 148 ff.

[180] Vgl. *R. Pietzner*, VerwArchiv Bd. 82 [1991], 291 (303); *H. Wolf / U. Stephan*, Polizeigesetz für Baden-Württemberg, § 8 Rdnr. 2; *Th. Würtenberger / D. Heckmann / R. Riggert*, Polizeirecht in Baden-Württemberg, Rdnr. 506.

[181] Vgl. statt vieler *E. Denninger*, in: H. Lisken / E. Denninger, Handbuch des Polizeirechts, E Rdnr. 134; *K. Hormann*, Die Anwendung von Verwaltungszwang, S. 152; *K.-H. Kästner*, JuS 1994, 361 (364); *R. Pietzner*, VerwArchiv Bd. 82 [1991], 291 (306); *dens.*, VerwArchiv Bd. 84 [1993], 261 (265); *G. Robbers*, DÖV 1987, 272 (275); *W.-R. Schenke*, in: U. Steiner (Hrsg.), Besonderes Verwaltungsrecht, Rdnr. 307; *H. Wolf / U. Stephan*, Polizeigesetz für Baden-Württemberg, § 8 Rdnr. 2; *Th. Würtenberger / D. Heckmann / R. Riggert*, Polizeirecht in Baden-Württemberg, Rdnr. 506.

[182] Vgl. § 35 BVwVfG und die gleichlautenden landesrechtlichen Bestimmungen.

Anlehnung an § 44 Abs. 1 S. 2 PrPVG gegen die im einaktigen Verfahren angewendeten Zwangsmittel dieselben Rechtsmittel für zulässig erklärt, die gegen Verwaltungsakte allgemein gegeben sind[183]. Deshalb kommt es auf den rechtlichen Charakter der im Wege der Sofortmaßnahmen eingesetzten Zwangsmittel wenigstens unter Rechtsschutzgesichtspunkten letztlich nicht entscheidend an. Auf die damit verbundenen Problemkreise kann hier nicht eingegangen werden[184].

Geht man der Frage nach, ob Sofortmaßnahmen als Verwaltungsakte eingestuft werden können, so ergeben sich sowohl unter dem Gesichtspunkt der Regelung im Sinne des § 35 VwVfG als auch unter dem Blickwinkel der nach §§ 41, 43 VwVfG erforderlichen Bekanntgabe als Wirksamkeitsvoraussetzung für den Verwaltungsakt Probleme. Man könnte in dem konkreten der Gefahrenabwehr dienenden Vorgehen der Behörde den konkludenten Erlaß einer Grundverfügung erblicken[185], und zwar mit dem feststellenden Gehalt, daß die Voraussetzungen für den Erlaß der auf Gefahrenabwehr erforderlichen Verfügung vorliegen. Nur stellte sich in den Fällen der *Abwesenheit* des Pflichtigen die Frage, auf welchem Wege ihm diese Grundverfügung bekanntgegeben wurde und damit überhaupt Wirksamkeit erlangen konnte (§§ 41, 43 Abs. 1 VwVfG). Diese Hürde ließe sich nur nehmen, indem man die Bekanntgabe auf den Augenblick der Mitteilung[186] oder der anderweitigen Kenntnisnahme

---

[183] Vgl. § 18 Abs. 2 BVwVG; Art. 38 Abs. 2 VwZVGBay; § 5 Abs. 2 S. 1 VwVfG-Bln i.V.m. § 18 Abs. 2 BVwVG.

[184] Hierzu dezidiert *R. Pietzner*, VerwArchiv Bd. 84 [1993], 261 (283 ff.), der insoweit von einem „error legislatoris" (S. 283) spricht; siehe auch OVG Münster, NuR 1995, 89 (90), wonach bei einer im sofortigen Vollzug durchgeführten Versiegelung der Antrag nach § 80 Abs. 5 VwGO zulässig ist.

[185] In diesem Sinne *K. H. Friauf*, in: I. v. Münch / E. Schmidt-Aßmann (Hrsg.), Besonderes Verwaltungsrecht, Rdnr. 195; *K. Habermehl*, Polizei- und Ordnungsrecht, Rdnr. 743; *P. Kirchhof*, JuS 1975, 509 (511); *F. O. Kopp*, VwVfG, § 35 Rdnr. 9; *E. Rasch*, Allgemeines Polizei- und Ordnungsrecht, § 5a MEPolG Rdnr. 4, § 8 MEPolG Rdnr. 9; *P. Stelkens*, in: ders. / H. J. Bonk / M. Sachs / K. Leonhardt, VwVfG, § 35 Rdnrn. 51 f.; *K. Stern*, Verwaltungsprozessuale Probleme in der öffentlich-rechtlichen Arbeit, S. 69; *K. Vogel*, in: ders. / W. Martens, Gefahrenabwehr, S. 439.

[186] Eine solche Benachrichtigungspflicht ist für die unmittelbare Ausführung ausdrücklich vorgesehen, vgl. § 5a Abs. 1 S. 2 MEPolG; § 19 Abs. 1 S. 2 BGSG; § 8 Abs. 1 S. 2 PolGBad-Württ; Art. 9 Abs. 1 S. 2 PAGBay; § 15 Abs. 1 S. 2 ASOG Bln; § 8 Abs. 1 S. 2 VGPolGBbg; § 7 Abs. 2 HmbSOG; § 8 Abs. 1 S. 2 HSOG; § 6 Abs. 1 S. 2 POGRh-Pf; § 6 Abs. 1 S. 2 SächsPolG; § 9 Abs. 1 S. 2 SOGLSA; § 9 Abs. 1 S. 2 PAGThür; ebenso für den sofortigen Vollzug § 11 Abs. 2 S. 3 BremVwVG; § 81 Abs. 2 SOGMV; § 64 Abs. 2 S. 2 NGefAG; § 230 Abs. 2 LVwGSch-H.

IV. Rechtsnatur der Sofortmaßnahmen

durch den Betroffenen zeitlich verlagerte[187]. Die entsprechende Mitteilung soll das zunächst „adressatenneutrale Verwaltungshandeln" konkretisieren und sodann zu einem wirksamen Verwaltungsakt werden lassen[188]. Derartige Konstruktionen führen dogmatisch in die Irre[189]. Sie müssen sich den Vorwurf gefallen lassen, das Erfordernis der Bekanntgabe von Verwaltungsakten seiner spezifischen Funktion zu entkleiden. Die Bekanntgabe soll dem Verwaltungsakt zur Wirksamkeit verhelfen und dem Betroffenen auf diese Weise ermöglichen, den durch ihn begründeten Befehl zu befolgen und die ihm auferlegte Pflicht zu erfüllen. Dies ist ihm aber nicht mehr möglich, sofern sich der Gegenstand der Regelung bereits vorher erledigt hat. Der Befehl wäre auf ein objektiv unmögliches, weil von niemandem erfüllbares Verhalten gerichtet; ihn müßte das Schicksal der Nichtigkeit und Unwirksamkeit ereilen (§§ 44 Abs. 2 Nr. 4, 41 Abs. 3 VwVfG)[190]. Kurzum: Der Verwaltungsakt würde zu keiner Zeit das Licht der Wirksamkeit erblicken, sondern von Anfang an und ohne Unterbrechung unwirksam sein: Bis zur Beendigung der Sofortmaßnahme wäre er mangels Bekanntgabe (§§ 41, 43 Abs. 1 VwVfG) und danach wegen Nichtigkeit (§ 44 Abs. 2 Nr. 4, 41 Abs. 3 VwVfG) unwirksam[191]. Diese Ausführungen haben deutlich werden lassen, daß die Bekanntgabe des Verwaltungsakts nicht „nachgeholt" werden kann, weil dies mit der Funktion der Bekanntgabe unvereinbar ist. Diese Konstruktion erweist sich auf der Grundlage und nach Maßgabe des geltenden Verwaltungsverfahrensgesetzes als unhaltbar; sie läuft auf eine Fiktion eines Verwaltungsakts hinaus, für die nach der

---

[187] So ausdrücklich *K. Vogel*, in: ders. / W. Martens, Gefahrenabwehr, S. 439; ähnlich wohl auch *H. Wolf / U. Stephan*, Polizeigesetz für Baden-Württemberg, § 8 Rdnr. 2.

[188] Vgl. die bekannte „Grundwassersee"-Entscheidung des OVG Münster, OVGE 29, 44 (46 f.) = DVBl. 1973, 924 (925).

[189] Ebenso ablehnend *J. Dietlein*, NWVBl 1991, 81 (83 f.); *K.-H. Kästner*, JuS 1994, 361 (364); *H. Maurer*, Allgemeines Verwaltungsrecht, § 20 Rdnr. 26; *H. Melchinger*, VBlBW 1991, 235 (236); *K. Hormann*, Die Anwendung von Verwaltungszwang, S. 155 ff., *M. Oldiges*, JuS 1989, 616 (619); *R. Pietzner*, VerwArchiv Bd. 84 [1993], 261 (265 f.); *P. Schäfer*, BayVBl. 1989, 742 (743 f.); *W.-R. Schenke*, in: U. Steiner (Hrsg.), Besonderes Verwaltungsrecht, Rdnr. 306; *Th. Würtenberger / D. Heckmann / R. Riggert*, Polizeirecht in Baden-Württemberg, Rdnr. 507; siehe ferner *W. Martens*, in: K. Vogel / W. Martens, Gefahrenabwehr, S. 217.

[190] Vgl. *K. Hormann*, Die Anwendung von Verwaltungszwang, S. 157; *H. Maurer*, Allgemeines Verwaltungsrecht, § 20 Rdnr. 26; *H. Melchinger*, VBlBW 1991, 235 (236); *M. Oldiges*, JuS 1989, 616 (619); *P. Schäfer*, BayVBl. 1989, 742 (744); *W.-R. Schenke*, in: U. Steiner (Hrsg.), Besonderes Verwaltungsrecht, Rdnr. 306; *Th. Würtenberger / D. Heckmann / R. Riggert*, Polizeirecht in Baden-Württemberg, Rdnr. 507; siehe auch *W. Martens*, in: K. Vogel / W. Martens, Gefahrenabwehr, S. 217.

[191] *Th. Würtenberger / D. Heckmann / R. Riggert*, Polizeirecht in Baden-Württemberg, Rdnr. 507.

abschließenden Festlegung seiner Begriffsmerkmale durch den Gesetzgeber kein Raum mehr verbleibt.

Auch die gegen *anwesende* Pflichtige durchgeführten Sofortmaßnahmen lassen sich nicht als Verwaltungsakte charakterisieren[192]. Denn derartige Maßnahmen finden ihre Legitimation gerade in dem Umstand, daß entweder keine Zeit mehr für eine - unter rechtsstaatlichen Gesichtspunkten - grundsätzlich gebotene Verfügung verbleibt[193] oder aber der Pflichtige seine ablehnende Haltung deutlich signalisiert hat beziehungsweise tatsächlich nicht dazu in der Lage ist[194], die zur Gefahrenabwehr erforderlichen Maßnahmen selbst zu treffen. In diesen Fällen wäre eine entsprechende Grundverfügung zwar praktisch möglich, gleichwohl aber ungeeignet, den Gefahrenabwehrerfolg herbeizuführen. Die spezifische Substanz dieser Erscheinungsform der Sofortmaßnahmen besteht also gerade in der Entbehrlichkeit einer Verfügung, auf die im Interesse effektiver Gefahrenabwehr verzichtet wird. Es hieße deshalb, diese Sofortmaßnahmen gleichsam auf den Kopf zu stellen, ihren ihnen inhärenten Zweck gleichsam in sein Gegenteil zu verkehren, wollte man diese Sofortmaßnahmen als Verwaltungsakte qualifizieren[195]. In pointierter Verdichtung: Leitet dieses Institut in den beschriebenen Fällen seine Legitimation aus der wegen Zwecklosigkeit gegebenen Entbehrlichkeit einer entsprechenden Grundverfügung ab, so brächte man es gleichsam zum Einsturz, wollte man ihm die Eigenschaft eines Verwaltungsakts anheften[196].

Und schließlich läßt sich auch in der Benachrichtigung oder Mitteilung über die Berechtigung zur Durchführung der Sofortmaßnahme keine Bekannt-

---

[192] So aber *M. Oldiges*, in: D. Grimm / H.-J. Papier (Hrsg.), StVwRNW, S. 236 (286), der in den Fällen der Anwesenheit des Betroffenen in der Durchführung des Sofortvollzugs „eine - evt. konkludente - Verfügung über seine Anwendung und ggf. auch eine Duldungsverfügung" erblickt.

[193] So etwa in dem Beispielsfall von *A. Schmitt-Kammler*, NWVBL 1989, 389 (391): Der Hund des anwesenden Halters setzt unmittelbar zur Verletzung eines Passanten an.

[194] Vgl. nochmals einen Beispielsfall von *A. Schmitt-Kammler*, NWVBL 1989, 389 (392): Der gebrechliche Hundehalter hat ersichtlich die Herrschaft über seine Riesendogge verloren.

[195] Ähnlich *K. Hormann*, Die Anwendung von Verwaltungszwang, S. 155 f.

[196] Daher kommt es letztlich nicht darauf an, daß entsprechende Verfügungen mangels Eignung zur Gefahrenabwehr rechtswidrig wären; so aber die Begründung von *Th. Würtenberger / D. Heckmann / R. Riggert*, Polizeirecht in Baden-Württemberg, Rdnr. 507, die im Ergebnis zu Recht auch die gegen anwesende Pflichtige durchgeführte unmittelbare Ausführung nicht als Verwaltungsakt einstufen.

IV. Rechtsnatur der Sofortmaßnahmen 69

gabe eines feststellenden Verwaltungsakts erblicken[197]. Denn kennzeichnend für einen feststellenden Verwaltungsakt ist, daß durch ihn eine vorab bestehende Rechtsbeziehung konkretisiert oder verbindlich festgelegt wird. Der feststellende Verwaltungsakt erstreckt sich demnach auf das, „was de lege lata bereits gilt"[198]. Hiervon kann aber nicht mehr die Rede sein, wenn sich das Rechtsverhältnis, auf das sich die feststellende Regelung beziehen soll, im Zeitpunkt der Mitteilung bereits erledigt hat. Im Zeitpunkt der Benachrichtigung über die Durchführung der Sofortmaßnahme existiert zwischen der Behörde und dem Betroffenen kein Rechtsverhältnis mehr, welches Gegenstand eines feststellenden Verwaltungsakts sein könnte[199]. Klärungsbedürftig sind allein Aspekte, die ein in der Vergangenheit liegendes Rechtsverhältnis berühren und die Frage betreffen, ob die Voraussetzungen für die Durchführung der Sofortmaßnahmen vorlagen. Bei Lichte betrachtet kann es sich bei der Mitteilung demnach nicht um einen feststellenden Verwaltungsakt handeln. Möglich wäre es nur, der Mitteilung die Bedeutung eines rechtsgestaltenden Verwaltungsakts zuzusprechen, der ein in Wirklichkeit nicht bestehendes Rechtsverhältnis mit konstitutiver Wirkung erst begründet und der die bereits erledigte Sofortmaßnahme rückwirkend für rechtmäßig erklärt[200]. Hierfür bedürfte es aber wegen der belastenden Wirkung einer eigenständigen Ermächtigungsgrundlage, die weit und breit nicht ersichtlich ist[201]. Sofern die Behörde nach den Vorschriften über die unmittelbare Ausführung verpflichtet ist, den von der Maßnahme Betroffenen unverzüglich zu unterrichten[202], berechtigt dies

---

[197] So aber VGH Mannheim, NWVBl 1992, 337 (338); V. *Götz*, Allgemeines Polizei- und Ordnungsrecht, Rdnr. 301; *M. Oldiges*, JuS 1989, 616 (619); *E. Rasch*, DVBl. 1992, 207 (210); siehe auch *G. Sadler*, VwVG, § 18 Rdnr. 8: „Bestätigungsbescheid"; ebenso (wohl) *H. Wolf / U. Stephan*, Polizeigesetz für Baden-Württemberg, § 8 Rdnr. 2; ablehnend und ebenso wie hier *J. Dietlein*, NWVBL 1991, 81 (83 f.); *H. Engelhardt / M. App*, VwVG, VwZG, § 6 VwVG Anm. IV. 4. (S. 63); *K. Hormann*, Die Anwendung von Verwaltungszwang, S. 166 f.; *R. Pietzner*, VerwArchiv Bd. 84 [1993], 261 (266); *Th. Würtenberger / D. Heckmann / R. Riggert*, Polizeirecht in Baden-Württemberg, Rdnr. 507.

[198] Stellvertretend für alle *H. Maurer*, Allgemeines Verwaltungsrecht, § 9 Rdnr. 46.

[199] Vgl. *J. Dietlein*, NWVBL 1991, 81 (84); *K. Hormann*, Die Anwendung von Verwaltungszwang, S. 166; *Th. Würtenberger / D. Heckmann / R. Riggert*, Polizeirecht in Baden-Württemberg, Rdnr. 507.

[200] Hierauf weist zu Recht hin *J. Dietlein*, NWVBL 1991, 81 (84); siehe auch *M. Oldiges*, JuS 1989, 616 (619: „Nachträglich bekräftigender und abschließend feststellender Verwaltungsakt").

[201] Siehe *J. Dietlein*, NWVBL 1991, 81 (84); *R. Pietzner*, VerwArchiv Bd. 84 [1993], 261 (266); siehe auch *Th. Würtenberger / D. Heckmann / R. Riggert*, Polizeirecht in Baden-Württemberg, Rdnr. 507 Fn. 128.

[202] Vgl. § 5a Abs. 1 S. 2 MEPolG; § 19 Abs. 1 S. 2 BGSG; § 8 Abs. 1 S. 2 PolG-Bad-Württ; Art. 9 Abs. 1 S. 2 PAGBay; § 15 Abs. 1 S. 2 ASOG Bln; § 8 Abs. 1 S. 2

nach dem klaren Wortlaut nicht zum Erlaß eines entsprechenden rechtsgestaltenden Verwaltungsakts[203]. Es handelt sich um eine rechtsstaatlich fundierte, letztlich im Gravitationszentrum des Art. 19 Abs. 4 GG ressortierende Informationspflicht des Staates, die den von der Sofortmaßnahme Betroffenen in die Lage versetzen soll, die hoheitliche Maßnahme gerichtlich auf ihre Rechtmäßigkeit überprüfen zu lassen, sofern ihm dadurch Nachteile entstanden sind[204]. Man verkehrte den Zweck dieser Vorschrift in seinen Gegenteil, sofern man der Regelung die behördliche Befugnis zum Erlaß eines die Rechte des Betroffenen beeinträchtigenden Verwaltungsakts entnehmen wollte.

Im Ergebnis kann daher festgehalten werden, daß Sofortmaßnahmen die Begriffsmerkmale des § 35 VwVfG nicht aufweisen und demnach auch nicht als Verwaltungsakte qualifiziert werden können. Ihrer Rechtsnatur nach handelt es sich um die Ausführung von Verwaltungsrealakten, also um schlichtes Verwaltungshandeln[205].

VGPolGBbg; § 7 Abs. 2 HmbSOG; § 8 Abs. 1 S. 2 HSOG; § 6 Abs. 1 S. 2 POGRh-Pf; § 6 Abs. 1 S. 2 SächsPolG; § 9 Abs. 1 S. 2 SOGLSA; § 9 Abs. 1 S. 2 PAGThür, siehe auch für den sofortigen Vollzug § 11 Abs. 2 S. 3 BremVwVG; § 81 Abs. 2 SOGMV; § 64 Abs. 2 S. 2 NGefAG; § 230 Abs. 2 LVwGSch-H.

[203] Vgl. *R. Pietzner*, VerwArchiv Bd. 84 [1993], 261 (266).
[204] *K. Hormann*, Die Anwendung von Verwaltungszwang, S. 144 f., 167; *Th. Würtenberger / D. Heckmann / R. Riggert*, Polizeirecht in Baden-Württemberg, Rdnr. 510 sprechen insoweit von einer behördlichen „Nachpflicht"; ähnlich *K.-H. Kästner*, JuS 1994, 361 (366): „*Amtspflicht*, deren Verletzung gegebenenfalls Ersatzansprüche auslösen kann" (Hervorhebung im Original).
[205] Ebenso *E. Denninger*, in: H. Lisken / E. Denninger, Handbuch des Polizeirechts, E Rdnr. 134; *K. Hormann*, Die Anwendung von Verwaltungszwang, S. 168; *K.-H. Kästner*, JuS 1994, 361 (364); *W. Martens*, in: K. Vogel / W. Martens, Gefahrenabwehr, S. 217; *H. Maurer*, Allgemeines Verwaltungsrecht, § 20 Rdnr. 26; *R. Pietzner*, VerwArchiv Bd. 84 [1993], 261 (264); *P. Schäfer*, BayVBl. 1989, 742 (744); *W.-R. Schenke*, in: U. Steiner (Hrsg.), Besonderes Verwaltungsrecht, Rdnr. 306; *Th. Würtenberger / D. Heckmann / R. Riggert*, Polizeirecht in Baden-Württemberg, Rdnr. 509; die nachstehenden Autoren qualifizieren die Sofortmaßnahmen als solche zwar als Realakt, erblicken in der entsprechenden Mitteilung über die Durchführung der Maßnahmen hingegen irrigerweise einen Verwaltungsakt: V. *Götz*, Allgemeines Polizei- und Ordnungsrecht, Rdnrn. 299, 301; *E. Rasch*, DVBl. 1992, 207 (210); ebenso (wohl) *H. Wolf / U. Stephan*, Polizeigesetz für Baden-Württemberg, § 8 Rdnr. 2.

Literaturverzeichnis

App, Michael: Verwaltungsvollstreckungsrecht, 2. Auflage, Köln / Berlin / Bonn / München 1992.

- Verwaltungsvollstreckung wegen Geldleistungen, JuS 1987, 203.

Böckenförde, Ernst-Wolfgang: Demokratie als Verfassungsprinzip, in: Josef Isensee / Paul Kirchhof (Hrsg.), Handbuch des Staatsrechts der Bundesrepublik Deutschland, Band I, Grundlagen von Staat und Verfassung, Heidelberg 1987, § 22.

Dienelt, Klaus: Die Haftung des Kfz-Halters für Abschleppkosten, NVwZ 1984, 664.

Dietlein, Johannes: Verwaltungszwang gegen Unbekannt. „Nachträgliche Ordnungsverfügungen" im Rahmen des sofortigen Vollzugs ordnungsbehördlicher Maßnahmen, NWVBL 1991, 81.

Dreier, Horst: Hierarchische Verwaltung im demokratischen Staat. Genese, aktuelle Bedeutung und funktionelle Grenzen eines Bauprinzips der Exekutive, Tübingen 1991.

Ehlers, Dirk: Öffentliches Recht: Die polizeiliche Wegnahme eines Films, JuS 1983, 869.

Emde, Ernst Thomas: Die demokratische Legitimation der funktionalen Selbstverwaltung. Eine verfassungsrechtliche Studie anhand der Kammern, der Sozialversicherungsträger und der Bundesanstalt für Arbeit, Berlin 1991.

Engelhardt, Hans / *App*, Michael: Verwaltungs-Vollstreckungsgesetz, Verwaltungszustellungsgesetz, 3. Auflage, München 1992.

Friauf, Karl Heinz: Polizei- und Ordnungsrecht, in: Ingo von Münch / Eberhard Schmidt-Aßmann (Hrsg.), Besonderes Verwaltungsrecht, 9. Auflage, Berlin / New York 1992.

Gersdorf, Hubertus: Die Subsidiaritätsklausel des Instituts der unmittelbaren Ausführung - dargelegt am Beispiel des Abschleppens eines PKW, NVwZ 2. Halbjahr 1995.

Götz, Volkmar: Allgemeines Polizei- und Ordnungsrecht, 11. Auflage, Göttingen 1993.

- Die Entwicklung des allgemeinen Polizei- und Ordnungsrechts (1987-1989), NVwZ 1990, 725.

- Die Entwicklung des allgemeinen Polizei- und Ordnungsrechts (1990-1993), NVwZ 1994, 652.

Grünning, Klaus / *Möller*, Manfred: Aktuelle Rechtsfragen zum Abschleppen von rechtswidrig geparkten Fahrzeugen, VR 1984, 156.

Gusy, Christoph: Polizeirecht, Tübingen 1993.

- Verwaltungsvollstreckungsrecht am Beispiel der Vollstreckung von Polizeiverfügungen (Teil 1), JA 1990, 296.

Habermehl, Kai: Polizei- und Ordnungsrecht, 2. Auflage, Baden-Baden 1993.

Heckmann, Dirk: Der Sofortvollzug rechtswidriger polizeilicher Verfügungen. Durchgriff oder Einwendungsausschluß bei § 2 Nr. 2 LVwVG i.V.m. § 80 Abs. 2 Nr. 2 VwGO?, VBlBW 1993, 41.

Hoffmann-Riem, Wolfgang: Polizei- und Ordnungsrecht, in: ders. / Hans-Joachim Koch (Hrsg.), Hamburgisches Staats- und Verwaltungsrecht, Frankfurt a.M. 1988, S. 224.

Hormann, Klaus: Die Anwendung von Verwaltungszwang unter Abweichung vom Regelvollstreckungsverfahren, Frankfurt a.M., Bern / New York / Paris 1988.

Jestaedt, Matthias: Demokratieprinzip und Kondominialverwaltung. Entscheidungsteilhabe Privater an der öffentlichen Verwaltung auf dem Prüfstand des Verfassungsprinzips Demokratie, Berlin 1993.

Kämper, Norbert: Der praktische Fall: Die kostspielige Altlast, VR 1988, 287.

Kästner, Karl-Hermann: Unmittelbare Maßnahmen der Gefahrenabwehr, JuS 1994, 361.

Kirchhof, Paul: Grundfälle zum Polizeirecht, JuS 1975, 509.

Knemeyer, Franz-Ludwig: Polizei- und Ordnungsrecht, 5. Auflage, München 1993.

Kopp, Ferdinand O.: Verwaltungsverfahrensgesetz mit Erläuterungen, 5. Auflage, München 1991.

Larenz, Karl: Methodenlehre der Rechtswissenschaft, 6. Auflage, Berlin / Heidelberg / New York 1991.

Lisken, Hans / *Denninger*, Erhard: Handbuch des Polizeirechts, München 1992.

Löwer, Wolfgang: Funktion und Begriff des Verwaltungsakts, JuS 1980, 805.

Maurer, Hartmut: Allgemeines Verwaltungsrecht, 9. Auflage, München 1994.

Melchinger, Hansjörg: Klausur im öffentlichen Recht für Vorgerückte. Die zu gut versorgte Tankstelle - Lösung der Klausur in VBlBW 1991, 199 -, VBlBW 1991, 235.

Mertens, Klaus: Die Kostentragung bei der Ersatzvornahme im Verwaltungsrecht, Berlin 1976.

Oldiges, Martin: Polizei- und Ordnungsrecht, in: Dieter Grimm / Hans-Jürgen Papier (Hrsg.), Nordrhein-Westfälisches Staats- und Verwaltungsrecht, Frankfurt a.M. 1986, S. 236.

- Kostenerstattung einer Gemeinde für polizeiliche Gefahrenabwehr - OVG Münster, NJW 1986, 2526 -, JuS 1989, 616.

Ossenbühl, Fritz: Staatshaftungsrecht, 4. Auflage, München 1991.

Pestalozza, Christian: Verfassungsprozeßrecht, 3. Auflage, München 1991.

Pietzko, Gabriele: Der materiell-rechtliche Folgenbeseitigungsanspruch, Berlin 1994.

Pietzner, Rainer: Unmittelbare Ausführung als fiktiver Verwaltungsakt. Zu den historischen Entwicklungslinien der Dogmatik des sofortigen Polizeizwangs in der Rechtsprechung des Preußischen OVG, VerwArchiv Bd. 83 [1991], 291.

- Rechtsschutz in der Verwaltungsvollstreckung, VerwArchiv Bd. 84 [1993], 261.

Rasch, Ernst: Allgemeines Polizei- und Ordnungsrecht, 2. Auflage, Köln 1982.

- Der Realakt insbesondere im Polizeirecht, DVBl. 1992, 207.

Robbers, Gerhard: Schlichtes Verwaltungshandeln, DÖV 1987, 272.

Sadler, Gerhard: Verwaltungs-Vollstreckungsgesetz, 2. Auflage, Heidelberg 1992.

Schäfer, Peter: Zur Rechtsnatur der unmittelbaren Ausführung nach Art. 9 Abs. 1 PAG - Verwaltungsakt oder Realakt?, BayVBl. 1989, 742.

Schenke, Wolf-Rüdiger: Polizei- und Ordnungsrecht, in: Udo Steiner (Hrsg.), Besonderes Verwaltungsrecht, 5. Auflage, Heidelberg 1995, S. 175.

Schenke, Wolf-Rüdiger / *Baumeister*, Peter: Probleme des Rechtsschutzes bei der Vollstreckung von Verwaltungsakten, NVwZ 1993, 1.

Schmidt-Aßmann, Eberhard: Verwaltungslegitimation als Rechtsbegriff, AöR Bd. 116 [1991], 329.

Schmitt Glaeser, Walter: Verwaltungsprozeßrecht, 13. Auflage, Stuttgart / München / Hannover / Berlin / Weimar / Dresden 1994.

Schmitt-Kammler, Arnulf: Die Sofortbefugnisse im Polizei- und Ordnungsrecht - Insbesondere: unmittelbare Ausführung und sofortiger Vollzug -, NWVBL 1989, 389.

- Die öffentlich-rechtliche Aufsichtsarbeit in der Ersten juristischen Staatsprüfung - Die Geiselnahme, NWVBL 1990, 30.

- Zur Handhabung polizeilicher Standardmaßnahmen, NWVBL 1995, 166.

Schneider, Tobias: Folgenbeseitigung im Verwaltungsrecht. Eine Untersuchung zu Rechtsgrund, Tatbestand und Rechtsfolgen des öffentlich-rechtlichen Folgenbeseitigungsanspruchs, Baden-Baden 1994.

Schoch, Friedrich: Grundfälle zum Polizei- und Ordnungsrecht, JuS 1994, 479.

Schwabe, Jürgen: Rechtsfragen zum Abschleppen verbotswidrig abgestellter Fahrzeuge. Zugleich eine Betrachtung zur Struktur der polizeilichen Standardmaßnahmen, NJW 1983, 369.

- Das Abschleppen aus Fußgängerzonen: Grundsatzprobleme eines „ganz einfachen" Falles, NVwZ 1994, 629.

Schwerdtfeger, Gunther: Öffentliches Recht in der Fallbearbeitung, 9. Auflage, München 1993.

Stelkens, Paul / *Bonk*, Heinz / *Sachs*, Michael / *Leonhardt*, Klaus: Verwaltungsverfahrensgesetz, Kommentar, 4. Auflage, München 1993.

Stephan, Ulrich: Allgemeines Polizeirecht in Baden-Württemberg, Wiesbaden 1988.

- Zur Rechtsnatur von Rettungsaktionen der Polizei, VBlBW 1985, 121.

Stern, Klaus: Verwaltungsprozessuale Probleme in der öffentlich-rechtlichen Arbeit, 6. Auflage, München 1987.

Tettinger, Peter J.: Besonderes Verwaltungsrecht, Kommunalrecht, Polizei- und Ordnungsrecht, 3. Auflage, Heidelberg 1993.

Vahle, Jürgen: Vollstreckung und Rechtsschutz im Verwaltungsrecht, 3. Auflage, Essen 1991.

Vogel, Klaus / *Martens*, Wolfgang: Gefahrenabwehr, Allgemeines Polizeirecht (Ordnungsrecht) des Bundes und der Länder, 9. Auflage, Köln / Berlin / Bonn / München 1986.

Waechter, Kai: Geminderte demokratische Legitimation staatlicher Institutionen im parlamentarischen Regierungssystem. Zur Wirkung von Verfassungsprinzipien und Grundrechten auf institutionelle und kompetenzielle Ausgestaltungen, Berlin 1994.

Wind, Ferdinand: Grundzüge des Verwaltungsvollstreckungsrechts, VR 1988, 133.

Wolf, Heinz / *Stephan*, Ulrich: Polizeigesetz für Baden-Württemberg, Kommentar, 4. Auflage, Stuttgart / München / Hannover / Berlin / Weimar / Dresden 1995.

Würtenberger, Thomas / *Heckmann*, Dirk / *Riggert*, Rainer: Polizeirecht in Baden-Württemberg, 2. Auflage, Heidelberg 1994.

Printed by Libri Plureos GmbH
in Hamburg, Germany